大展好書 好書大展

大展好書 好書大展

精選系列 18

佛學的安心立命

松濤弘道／著
陳傳惠／譯

大展出版社有限公司
DAH-JAAN PUBLISHING CO., LTD.

前言

我想今日大家已察覺到國內政治、經濟、宗教、社會各方面都產生了劇烈的變化。在二十世紀後半期，戰爭及東西冷戰陸續畫上休止符，看似和平已經到來了，但是近幾年來，順風被逆風取代，世間突然出現異常狀況。戰後的復興宣告結束，進行世界秩序再整頓時，自負居於領導地位的美國的權威瓦解，而日本長久在政治世界中獨領風騷的保守的自民黨在大選中大敗，結果四分五裂，革新在野黨的社會黨黨主席被推出來負責聯合政權。

此外，著名演員獲得浮動票源，因為當選而負責重要職務等，都是前所未聞的情形。

戰後繁榮的日本產業、經濟界出現泡沫經濟的現象，日幣不斷升值，形成痛苦的狀態。關於宗教界方面，戰後新宗教團體如雨後春筍般到處林立，尤其神秘的宗教團體提出末日論的預言或是超能力等，引起許多人的煩惱，造成社會問題。

日本地下鐵發生的沙林毒氣事件和異臭事件等，公然引起無差別殺傷的示威行為到處可見，使日本全體國民陷入恐懼與不安中。將這種世紀末的現象視為他人的事情或暫時性的事情是不可能的。其原因在過去就已經釀成，堆積已久，終至一氣呵成而爆發出來。

為何事態會演變至此，關於這種脫離常軌的現象，政治家、評論家或學者、宗教家，以及大眾傳播媒體和輿論界一致加以批評責難，但對於找尋原因及解決方法，卻保留明確的發言，一直保持令人不舒服的沈默。這時更應該虛心反省過去的想法及生活方式，對於已經呈現虛脫狀態的國民，提示希望之光，以及具體的解決方法。此外，每個國民也應該配合自己的智慧及經驗，找尋解決的方法，同時將這個方法當成對自己、對世界而言的好方法，加以接受及實行。

使我們得到幸福的手段之現代科學技術的缺失，因其使用方式的不同，可能會成為冷酷無情的魔物或殺人的凶器，像最近的毒藥和槍炮殺傷事件，就可以實際證明這一點。在人生最後時期的安樂死和尊嚴死也必須假借醫師之手來完成，自己沒有辦法選擇自由的死亡。在這種狀況下，今日的世界已經不再追求「物質」的充足，而追求「心靈」的豐富，衆人對於宗教的關心度也提高了。

以前提到宗教，大家想到的是佛教、神教或基督教等既成教團，似乎將其認為是專利的宗教，為人心的依歸，但是在長久歷史中逐漸形式化、空洞化，已經不再是能動搖人類靈魂、充滿活力能量的發源體了。

新興宗教團體趁此機會出現，主要活動如占星、判斷姓名、超能力、奇跡等偏重於使人類靈魂周邊物質充足的咒術。因此對於思慮較深的人而言，對於這些宗教會感到懷疑，對於一些已經枯竭的既成宗教也會敬而遠之。

如果除了自己之外，一切都無法相信，那麼我們該如何生存下去呢？在此我們必須重新回到人類的原點，觀察自己與周圍的關係，製造一個能夠產生共鳴的環境才行。也就是說，在自然的、人為的環境中，如何互相共榮、共存，成為真正的人類，如何使自己過著充實的生活，現在已經到了摸索這些問題的時代了。

我們如果不相信任何事物，根本無法在世間生存。例如，如果不相信時刻表，就不會配合時刻表上的發車時刻前去搭車。如果不相信與他人約定的時間或場所，就不會到那兒去了。當然，即使相信，也不會在一定的場所或時間內車子一定會來，或人的確會來，但即使被背叛，也不應該事前懷疑，自己一定要遵守約定的事項，這麼一來自己就不會後悔，也能得到他人的信賴。

宗教也是同樣的，因為我們需要宗教，才會產生這種文化的要素，因為我們相信宗教，才能擁有確實相信自己「生活」在這個世間的人性。當然信不信是個人的自由，但是我接受佛教思想的影響，相信藉此能使自己得到幸福，而且能安心立命。

我不知道各位讀者是否與我有同感，或同意我的想法，但在本文中我為各位介紹，在混迷的世間生存，希望我的想法能做為各位生活方式的參考。

本書得以順利發行，幸賴轉法舍衆人的幫忙，引用許多先師的生活方式及其書籍做為參考，在此深致謝意。

松濤 弘道

目錄

第三章　現代人的佛教生活方式

第四章　探討佛教的死

第一章　為何現在需要佛教

一、日本人的宗教

「宗教」的意義

目前在「宗教」的名義之下，有各種教義、儀式、建築物或器具，但是關於「宗教」的定義或概念卻非常曖昧，不過很多人對此卻不感懷疑。

日本新憲法第二十一條提出「政教分離」，在最後的項目中規定「國家及其機構不得從事宗教教育及其他宗教活動」。但是何謂宗教教育或其他宗教活動，意義卻非常曖昧，當然因其解釋不同，有可能是指一切有宗教之名的教育或活動。

如果是這樣，則人類過去和現在文化的遺產和活動最基本、高貴的部分將一切被捨棄，成爲助長人性的否定及非人性的條文。如此一來會令文化之國皆哭泣。

關於宗教，有各種不同的解釋。如果它成爲助長迷信、邪信或宣傳特定宗教的工具，則的確應該離開教育場合。但是在日常生活中，對於超出我們經歷到世界的存在而產生了敬畏之念，或是培養人類基本奉獻精神的宗教思想、態度或實行力，則不但不能將其疏離於教育場外，反而應積極地納入教育中。否則會造成全人教育的缺失。但是，今日的教育不僅如前者之宗教的否定面加以拒絕，甚至連肯定面也斷然拒絕。「宗教」原本是佛教語，原本是「最後眞理的教誨」之義，應該是「超越個個宗教團體的教誨或組織之普遍的、宗教的思想」。

宗教的思想，應該是吐露自己信念的、全人的、精神的心情。如果連宗教的主觀心情都加以否定，剩下的只是有客觀性之名，無血、無肉的空虛文字或記號的羅列罷了。但教師或學者眞的能保持客觀的態度嗎？這也令人感到懷疑。

今後的教育，當然應該遵守「政教分離」的原則。但是，如果秉持宗教的思想教導衆人時，絕對不會抵觸新憲法的條文，反而更能使內容更爲充實。所以不論是老師或學生，爲了追求最後的眞理，必須虛懷若谷，虛心教導與求教，才是應有的態度。

現代人的宗教觀

很多人在被問及「你相信宗教嗎」或「你相信神佛嗎」時，大部分人都回答「不知道」或「不相信，我是無神論者」。

即使是正月時前往寺廟參拜的人，也許有的人不知道廟中祭祠的是誰，到底能夠得到哪些利益，也不知道寺廟的由來，卻若無其事地前去參拜。此外，在菩提寺有祖先的墳墓，祭日或中元節時會前往參拜，但寺廟到底屬於何種宗派、到底述說什麼教誨，到底誰是住持，恐怕都不知道。

此外，有的人會選擇神前或禮拜堂舉行結婚典禮，選擇在這些地方舉行婚禮的禮典，除了少數例外的例子，都是「因爲它附帶了喜宴會場」、或「看起來比較好看」，只不過是爲了方便罷了。

所以對國人而言的宗教觀，並不是「自己把宗教當成人生的依據」，而是因爲自己所居住地區的風俗或自己的家風代代相傳下來的祖先的習慣而已，所以根本不知道宗教對於自己而言具有何種意義，甚至將其擺在一旁，若無其事地說自己是「無神論者」，這些人可說是對宗教的「無關心論者」。

根據一九九三年版的宗教年鑑的記載，佛教徒的人數和神道氏子數超過二億人，突破日本人口之一億三千萬人。而這個數字顯示同一個人可能信二種教，但這些人一定是對於自己的宗教毫無自覺，並不是熱心的信徒。有人說日本人成人人口的二成，在日常生活中與特定的宗教有些關連，而剩下的大部分是基於習俗而只有在婚、喪、喜、慶等特定的時候與宗教有關。

這種現象與諸外國衆人宗教的關係度比較時，會發現大部分的日本人對於宗教並不關心，其證明就是正月或中元節時，成人人口幾乎都會到廟裡參拜或祭祠，婚喪喜慶時會參加一些宗教儀式，但是對宗教卻一點也不關心或感興趣，只不過是沈浸在世俗的生活中。

相反地，遭遇人生的問題時，不管是哪一種宗教，只要是對於自己而言是有利的，都會加以追求，大都是有「急不暇擇」的心態而向神佛禮禱。

對於一般的日本人而言，與宗教的關係具有四種型態。第一是當成知識、教養而接受，第二是當成迷信、邪信而看待，第三則是當成婚喪喜慶的習俗，第四則是當成信仰。

第一型態，是對於到目前爲止，宗教之歷史的、社會的任務加以冷靜思考，以旁觀者的心態，看今日世界各地發生的各種宗教事件問題的人。對他們而言，不管有沒有特定的宗教，都無所謂，只是當成一種情報，對於宗教抱持些許的關心而已。

第二型態，則是特別強調宗教所具有的負面，非科學、非常識的要素，大都是討厭，或是想要逃避宗教團體或宗教人士所具有的神秘性的人。他們光是聽到宗教這個名稱，就會產生一種反對或拒絕的態度。

第三型態，就是不具有特定的宗教信仰，但是會忠實地實踐婚喪喜慶等社會的習俗的人，大部分寺院的信徒都屬於此類。他們秉持義理，即使自己本身並沒有這類的信仰，但是當周圍的人做這些事情時也不會反對，會配合習俗參加行動。

第四型態，則是對於宗教尋求人生的依歸，以及絕對的價值，與宗教保持積極密切關係的人，甚至因爲太過熱心而希望他人能夠改宗或信仰宗教。他們脫離了一般社會而形成了一種特殊的宗教團體，挺身而出，從事新的社會改革運動。

一般人與宗教的關係，可考慮爲以上四種型態。其中占壓倒性多數的是第三型態，也就是以習俗爲主而與宗教有關的人。他們尊重歷史的傳統，是保守主義者，缺乏積極改變現狀的慾望，希望維持既成的秩序和規範，希望過著與周圍人同調的生活，屬於穩健派。

其次較多的是第一型態，也就是將宗教視爲是一種知識、教養的人，他們並不會積極參加社會的習俗，也不具有個人的信仰，但是在萬一時可能會加入第三型態中。

以上是屬於體制派的人，但是第二與第四型態，則是反體制派，展現兩極端態度的人。第二型態展現反宗教態度，而第四型態則是脫既成宗教態度，都是想積極打破現狀。前者拒絕宗教，因此可說是第一型態的亞流，後者拒絕既成宗教的現狀，因此可算是第三型態的亞流。同樣對於既成宗教的現狀感到不滿，因此脫離體制的範疇，前者是好像一匹狼的存在，而後者則是展現團體運動。

到底對於今日的一般人而言，佛教的聖職者（僧侶）到底該做些什麼呢？佛教有一句話說「對機說法」，因此必須使自己的機根和對方的需要，以及介於兩者之間的佛的教誨達成一致的狀態才行。即使自己擁有傳道的慾望或好的教誨，但是如果對方並沒有加以接受的需要，則即使空有寶物也無用。相反地，如果對方有需要，而自己卻缺乏傳達的慾望，或是沒有教誨時，也沒有辦法符合對方的需要。

所以，聖職者對於開頭的第一型態的人，應該要進行知識的應對。因為這些人尋求的宗教是當成知識、教養的宗教（佛教），因此必須要以理論強調佛教所具有的合理的無神論立場，讓對方了解旁觀態度的界限。

對於第二型態的人，因為對方一開始就對於宗教抱持誤解和偏見，因此為了除去對方的不信任感，要以身作則，強調邪信與宗教的不同，讓對方了解批判態度的界限所在。

對於第三型態的人，必須讓對方了解附和習俗的順應態度的界限，建議對方一定要更自覺的、積極的實踐宗教活動。

對於第四型態的人，即使對方有熱情，也必須讓他了解盲信態度的界限，改正對方的獨斷與偏見。

佛教如果要善導這四種型態的人，必須要走「信解行證」道。也就是說，如果要走佛道這個道，首先必須要相信正確的教誨，配合自己的體驗，讓自己能夠了解，同時自己要實踐教誨也要推薦給他人了解，共同享受喜悅的結果，這一點非常重要。聖職者基於先導者或後導者的立場，經常以當成模範的言語行爲陪在一般人的身旁，努力使大家共同在涅槃幸福狀態中生存。

看今日我國宗教界的現狀，發現聖職者或一般人，都沒有走在宗教正確的道路上。如果以「瞎子摸象」的比喻來說，觸摸到象的各部分，就將其視爲是整個眞理而產生錯覺，任意地加以解釋。所以如果是以旁觀者、批判的、順從的、盲信的態度對待宗教（佛教），當然無法體會其眞髓。

仔細想想，對我們而言，「雖然分別登上高峰的小徑很多，但是還是同樣可以看到同樣高嶺的月亮」，因此，因爲各自眺望不同的路，所以所相信的宗教之型態會因民族、傳統、環境與語言的不同而異。但是，橫跨人類所具有的無意識領域的宗教性却是相同的。那就是我們整體生命的根源，因相信或不相信而左右我們的人生。

像這種橫跨在我們的無意識領域的共通的宗教性，和不可能限定在我們生命系統中的宇宙的純粹性，應該是相同的。我們所具有的宗教性與宇宙的純粹性，在世上的各宗教具有各種不同的表現，因此讓我們產生了一種錯覺，好像各宗教看起來是不同的。

例如，世界代表性的宗教基督教，倡導耶穌復活的說法，表現出「我會復活，我是永遠的生命」，而這個意義以大乘佛教來表現，就是「色即是空」。也就是說，有機體即使死去，並不是眞正的死去，而超脫生與死，意謂某種力量的本質。

因爲沒有實態，也沒有辦法掌握，如果想要以概念的方式掌握，那只不過是我們的頭腦創造出來的幻想而已。所以必須自己能百尺竿頭、更進一步，才能跳入宇宙整體的純粹性中。

世間的宗教，原本就強調我們的宗教性以及掌握宇宙純粹性的眞理實體。但是，由於產生了教團這種歷史的組織體，因此藉由受到限制的語言或人，使我們產生一種錯覺，認爲宗教性或純粹性完全不同，更助長了教團之間的競爭和紛爭。

也就是說，利用外觀錯誤的看法而掌握實體，這是我們必須注意的問題。關於這一點，世間的宗教為了表現眞理而成立大膽的假設，像基督教稱耶穌是「神之子」，大乘佛教則說「空」。

這些語言給人的感覺是，基督教是主動、積極的，而大乘佛教則是靜態的、被動的。所以，宗教學家中澤新一說「誘惑的基督教、踏實眞實的佛教」。

因此，在給予衆人希望和夢想這一方面，基督教的確深具魅力，但是如果是確實表現眞理的思索用語，則佛教較多。

由此可知，宗教和宗教性不見得一致，而這個世間的宗教不訴說宗教性，屬於各宗教的人如果不實踐宗教性，則不能算是眞正的宗教團體。此外，一般人揶揄宗教，裝做不關心的樣子，並不是說，不屬於任何宗教團體就不再接受宗教性或宇宙的純粹性。只是自己未自覺其存在，因此，不知道藉著這些宗教性與純粹性而享受生命的喜悅。

日本人的宗教心

外國人造訪日本時，感到驚訝的一點是，沒有比日本人更世俗的國民了。的確，大部分的日本人除了中元節或正月、葬禮法式時對宗教抱持關心度，除此以外很少人會注意宗教。詢問年輕一代是否有信仰或信念時，恐怕他們無法給予明確的回答，表現出不關心的態度。即使高齡者，認為宗教是一種社會習慣，信仰只是在痛苦的時候依賴神，在萬一時才需要的。

日本的家庭通常都會供奉佛壇或神龕，成為家人聚集處。在汽車駕駛座旁會掛上由寺廟求來的交通安全的護符，大約百分之八十的日本人之結婚典禮是採用神式的，大約百分之九十的人之葬禮是採用佛式的。喜事採用神式，喪事採用佛式，這是日本人的社會慣例。

這種神佛混淆的現象當然會令外國人感到非常奇怪。尤其對於基督教、猶太教、回教信徒而言，同時擁有二種宗教信仰是非常不謹慎的行為。

這種日本人的「哪一種宗教都無妨」的想法，和外國人的「只能選擇一種宗教」的想法無法達成一致的協調，因此，日本人被視為世俗的國民。但是日本人眞的是世俗的非宗教國民嗎？

根據歷史學家會田雄次說「日本的特徵就是存在日本人的意識中之裡文化的優越」。此外，政治學家丸山眞男也認為日本人在外界的社會中採取「原則上」的行動模式，而在內心社會中採取「眞正的」行動模式。

根據這個說法，日本人只不過將宗教視爲一種原則而已，眞心則在其他地方。肉眼看得到時的宗教是外面的原則，而眞實的宗教則是存在於肉眼看不到的內在之眞心世界中。如果眞是如此，那麼外面的宗教即使有很多，也只不過是原則而已，所以絕對不會與內在的宗教產生矛盾。

最近，歐美社會由於宗教世俗化的現象，因此只承認一個宗教或前往教會的人銳減。

美國的宗教學家魯克曼說，歐美社會不再尋求「看得見的宗教」，而尋求「看不見的宗教」的人增加了。如果這是事實，那麼像日本這種宗教並存的現象一點也不奇怪，反而比歐美社會更先行一步，暗示今後宗教的方向。

地球就像一個精神上非常狹隘的島國，而在地球上所有的國家或國民爲了共存共榮，使得既成的宗教、文化及意識型態必須暫時並存，這是歷史的必然性。所以，日本的宗教現象並不特殊，也許已經完成了暗示將來世界宗教的先驅任務。

回顧日本的歷史，有史以來接受佛教、儒教、道教、基督教、科學文明、共產主義等各類外來異質文化的洗禮，以此爲觸媒，而產生獨特的文化。

但是，並不是盲目接受這些外來思想，而是配合必要加以選擇取捨，志趣不合的自然淘汰，吸收更好的東西，而其複合體就是獨特的文化開花結果。因此，外來思想就好像野薤皮一樣，具有可以剝除的外皮，不管有幾層皮，和本質都無關，只是吸收其精華而使內容更充實而已。

所以，看起來好像無節操、不穩定的日本人的意識構造，社會學家中根千枝認爲是「日本人沒有主義信條」，但是我認爲這裡卻表現出日本人的特異性。很多人說日本人的好奇心旺盛、喜歡模倣，文學家德納爾德金也說「日本人吸收外來文化，如朝鮮、中國、印度及後來的歐洲和美國等各國的文化而獲得成功，創造了浮世繪、能、歌舞伎、建築、俳句等獨特文化，對於世界文化的發展有所貢獻」。

今日由於日本人的勤勉而產生了高度文明的利器，不讓歐美先進諸國專美於前。像這種不拘泥外來思想，以虛懷若谷的心態吸收、創造獨特文化的進取精神，是來自日本人自古以來的性格，可能受到佛教所說的「融通無礙」的思想影響極大。但是，在一個組織和秩序中長期生活，如果不是非常不適合時，則加以排斥、反抗的氣力會逐漸消失，慢慢地當成一種習慣而加以適應，逐漸就會覺得舒服了。

尤其是具有悠久歷史和傳統的社會，如果不是因爲毀滅性的戰爭或災害等的損害，就不會產生想要改變以往的組織和制度的氣運，只會進行部分的改善而已，即使想大力改變，正如俗諺有云「過猶不及」，可能會遭致來自周圍的猛烈反對，結果仍是一事無成。一旦習慣待在某種環境中覺得很舒服時，離開這種環境就必須忍受周圍的變化與孤獨，除非抱持這種覺悟之心才能辦到，辦不到的人最初就要避免將自己趕入困境中。

但世間的改良不論好壞，必須在覺悟會產生所有的危險狀況下加以實行，否則根本無法實現，到目前為止，歷史上的許多改革者不惜犧牲自己、粉身碎骨，希望打破既成的體制。這種勇氣和努力，就是因為相信藉由改革能夠使得世間變得比以往更好，認為這是為他人著想而做的事情。

僅就宗教界來看，自古以來如佛教的開祖釋迦牟尼和基督教的開祖耶穌基督，以及中世紀日本的法然上人、親鸞上人及日蓮上人，西方的路德等人，對於既成宗教感到不滿意，相信「我才是真正引導眾人走向幸福的救世者」，因此即使受到當時權力者的鎮壓或迫害，卻站在民眾之間果敢地進行改革。

一些隨波逐流的人，不知道是否沒有察覺到現今世間的矛盾或不正及腐敗，還是即使察覺也根本坐視不管，安閑地認為「啊！隨便他好了」，好像是他人的事情一樣，如此一來只會使事態更為惡化，等到不可收拾的局面才發現事態重大（這時已經太遲了），結果跌入谷底，舐拭毀滅。

所謂「玉不琢不成器」或「熱情喪失後形式開始」，所以什麼也不做，認為只要持續維持現狀，就能感到安心，在不知不覺中，制度和組織及個人的身心，都從內部開始動搖，等到表面化時為時已晚。

觀察既成佛教界的現狀，表面上來自婚喪喜慶或祈禱、拜觀或不動產等的收入，的確在經濟面看似非常繁榮，好像沒有發生任何事情似地，能夠維持以往的傳統習慣及制度和組織。但是，怠惰了不斷看清世間眞實姿態的眼光以及進行現實狀況的努力，結果是不斷被腐蝕，走向毀滅之路。為避免這種情形，一部分人對於令人感到憂心的現狀提出警告，說明內部改革的必要性，但是既成佛教界中的人卻充耳不聞，在矛頭尚未指向自己之前，仍然泰然自若。

佛教界的腐敗、墮落令人憂心，並不是從現在才提出警告。古代印度原始的佛教時代開始，就有正法、像法、末法三時說，已經預言到佛教的教義會逐漸被人疏離，而無法正確傳達給衆人了解。

最近，日本既成佛教界內外，對於傳達佛教的佛教教團、僧侶的批評及責備之聲，比對佛教的責備之聲更嚴苛，像田村惠照所著的『壞和尚』及丸山照雄所著的

『鬥爭佛教』等，都是來自內部的告發。而來自外部的批判，包括『佛教到底做了些什麼』（島田裕巳著）、『法衣的背後』（山野上純夫著）等不勝枚舉。而這些著書內容的共通點，就是以一般讀者能接受的興趣本位主義，揭露日本佛教教團和僧侶的實態。但是在書中並未提及允許這些行爲的日本人的心情，及日本的社會制度，或是該怎麼做才能加以改善等建設性提議。因此，被人指稱是「只是爲了賺錢而寫的輕薄書」。

關於這一點，具有思考意見的『新大乘』（秋月龍珉著）及『日本佛教的再生』（喬治·塔納貝著）等書還是較少的。

更客觀地談論佛教界現狀的，則是『討論現代宗教』（全五卷）、『宗教能滿足心靈嗎』（全二卷）及『宗教的回廊』（增有俊一著）等，以簡單明瞭的方式，適當解說佛教界的問題點以及與現代社會相關的部分。

此外，最近也有外國人士對於佛教界的現況加以批判，例如『日本權力構造之謎』（卡雷爾·渥爾夫郎著），或『水子·日本的墮胎與佛教』（威廉·拉夫雷爾著）等書問世。

一般而言，宗教不出相信宗教的國民文化水準以上。像我國的佛教在現實社會中，與一般人有密切的關係，能滿足雙方的需要而持續生存下去。如果不剖析日本特有的文化或民心深層，則無法了解其實態。因此我們必須考慮各種看法，正確掌握佛教界的現狀，然後認眞考慮「今後我們要給予內外哪些影響」，如果有好的影響時，則要推進，如果是給予不好的影響，則必須趕緊改正。

如果不持續這種試行錯誤的努力，恐怕我國佛教界的發展會陷入瓶頸，遲早會走向沒落和結束之路。

關於我國佛教界的現狀，探討先前指出的有志之士的參考文獻，在這些現狀中，對於「今後我們該怎麼做」的問題，就教學、組織、傳道、教化、生活等各方面敘述個人的意見。

回顧到目前爲止我自己走來的道路，經過反省後提出這些意見，希望這個做法能使自己能得佛之食，因佛教而生的恩惠而報答萬分之一。

此外，如果我的一些建議有助於佛教的興隆，則感幸甚。如果讀者認爲我的想法乃經驗不足之想法，亦請批評指教。

二、現在我們在尋求些什麼

到目前爲止，我國經濟繁榮，是因爲國人傳統性格勤勉以及維持社會調和、避免對立及旺盛的好奇心等國民特性所造成的。主要是長年在鎖國安定社會中，不斷接觸異質外來文化的國人，只接納適合的部分，和傳統文化融合而造成的結果。

也就是說，不會封閉在自己的規範或原理中，接受一些外來文化，有時候加以模倣，毫無遺憾地發揮靈巧接受型的國民性，經常將理想的模型置於外側，不斷加以追趕，想要領先超越所致。戰前國民希望短期間內能與歐美先進諸國爲伍，致力於近代化，結果舉國一致走向富國強兵的道路而走入戰爭。

日本今日在經濟上已經超越歐美先進諸國，所以理想的典範不應在外側，而應在心中尋求，秉持獨創的規範和原理，朝世界發出訊息才對。諸外國經常會懷疑，日本人是否具有眞正的普遍價値觀及遠景。不能再像以往一樣只是坐在觀衆席上當個客人，坐在那兒觀戰，喝著甜飲。我們是否眞的具有普遍價値觀和遠景呢？如果有，應該怎麼做才能讓外國人注意到呢？

首先，不要再沈醉於國民性的正面，而必須對於負面深切地反省。在這種自覺之上改善我們今後的生活方式才對。

基於以上的觀點，今日在功過的國人特質之中，我不探討我們所具有的正面，而想指出負面，首先列舉三大特徵。

第一是「權威的、形式的、物質的」。第二是「自我為主、情緒的、不合理的」。第三是「消極的、封閉的、無我的」等三大特徵。

首先探討第一特徵「權威的、形式的、物質的」。

所謂「權威的」，是指國人較難以抵擋權力和名聲。例如拿到對方的名片一看，上面寫著某董事長或博士等頭銜時，根本不仔細檢討其內容，就認為對方是一位偉人，而產生了錯覺，甚至認為在這個人面前必須要俯首稱臣。因此，名人當然非常受歡迎，而本人也認為自己是具有特權的階級而得意洋洋，衆人也視為理所當然。

所謂「形式的」，就是太過於注重資格或權威人士的保證及儀式。例如，考慮某所大學的風評如何，而學生為了考進這所大學便拼命努力用功，結果考上之後就安心了，反而不再用功。只是為了得到學分、獲得畢業的資格，認為這樣就夠了的學生經常可見。同樣地，在社會上盛行文化講座或才藝班，但是受講者中，大部分人都不著重內容，而是希望能夠得到證書或執照。此外，國人喜歡儀式，甚至連事前的排練都必須嚴肅地進行，認爲以這種方式進行議事才是正常的做法。

因此，從學校的開學、畢業典禮，到婚喪喜慶等，各種儀式排得滿滿的，有時即使內心不想參加，可是基於義理卻不得不參加。甚至葬禮或掃墓等儀式都出現了代行業者。

所謂「物質的」就是包括金權體質在內，萬事皆以物質或金錢視爲具有最高的價值，認爲物質和金錢可以解決一切。學生爲了賺零用錢而去打工，和同學之間討論的話題是到底賺了多少錢。而一般社會中談論的對象則是薪水、年終獎金、退休金以及高額所得者。和周圍的人比較時，如果發現自己的所得較低時，就會覺得沒有面子，而產生嫉妒心或自卑感。因此想要自己擁有驕傲心或優越感，就必須擠掉他人，再競爭中獲勝，所以產生一種必須互相較勁才能進步的想法。從小開始就希望比他人擁有更好的頭銜或地位，爲了賺更多的錢而投入競爭的行列中。

第二個特徵就是：「以自我爲主、情緒的、不合理的」。

所謂「以自我爲主」就是以自己爲中心而思考事物，欠缺對周圍人的體貼和考處。例如，拿垃圾出來時都不會放在自家門前而丟在他處。當發表道路、鐵道、機場等建設案時，首先考慮自己的利害得失，認爲有好處才會贊成，有害處時絕對反對，或是希望得到補償。欠缺以較長遠的眼光來考慮地區、社會和國家的發展。欠缺即使自己犧牲一些，卻願意爲整體奉獻的精神。

所謂「情緒的」，以積極的一面來看含有豐富的情緒、豐富的美感，但是以消極的一面來看，太容易情緒化，無法冷靜地判斷事物或商量事物。因此，在政治或經濟面的交涉較不拿手。例如大家到海外旅行時，經常有這樣的經驗，即國人購物時不懂得討價還價，通常會按照定價購買，或是即使對方減了一點點價錢，也不會基於物品的品質判斷價格，只要對方減價就感到很高興了。

關於這一點，前往東南亞或中東時，不論買方、賣方都很懂得做生意，絕對不會按照對方所開的價錢購買，會花很多時間慢慢和對方交涉，享受互相談話的樂趣。但是也許是日本人不太懂得與對方談話吧，也許是日本人不喜歡麻煩。總之，只想趕快買東西，只要對方稍微減價一些，就覺得非常得意了。如果對方不願減價而生意做不成時，就緊閉雙唇，面露生氣的表情離開店中。

所謂「不合理的」就是浪費太多，做一些不合道理的事情。例如，在辦手續或認證的區公所的工作，像證書或印鑑，以及辦手續的方法等非常繁瑣，外行人要處理事物必須花很多時間。如果不請行政人員或專家處理，就沒有辦法辦妥。此外，換乘交通工具不方便、大衆運輸工具的聯絡不佳等，因此，應該是受益者的國民卻成爲分割行政下的犧牲者。

第三個特徵則是：「消極的、封閉的、無我的」。

所謂「消極的」就是封閉在自己的殼中，不走出來，任何事情都畏縮。我國是島嶼型農業國，人民安居樂業地過著農耕生活，社會上受到直線身分制度的影響，即使同爲國人，卻沒有辦法安心地和人聊天或交往，和他人之間會保持距離。因此據說國人中有很多人怕生，罹患對人恐懼症或自閉症。而外國人則因而誤解我們是不容易讓人了解到底在想些什麼的國民。

所謂「封閉的」，就是指自己的親朋好友間內部團結，但是外部的人無法融入其中。例如受邀參加宴會時，如果有認識的人出席則會前往，如果沒有認識的人出席時，則自己也不去，這是因爲如果宴會中有熟人，就可以和他同桌談話，如果和不認識的人一起，無法打成一片。

不只在國內，移居到國外的國民也會自成一個團體，形成一個國人的城市，造成封閉的現象，沒有辦法與當地人同化。即使前往海外旅行，不管到哪個觀光地或飯店時，也只和國人一起行動。以日本的企業體質而言，就是來自海外的企業體沒有辦法融入同事之間的談話，因此，美國才會提出貿易自由化及消除關稅障礙之要求。

所謂「無我的」就是沒有自己，對於所屬的組織竭盡忠誠。以前對於國家抱持犧牲奉獻的精神，戰後則為了公司等企業團體而犧牲了自己和自己的家人。歐美各國基於契約規定，到了下班時間時就停止工作，趕緊回家，如果是已經決定好的有給休假，就一定要取得休假。但是，日本人卻是即使加班也覺得無所謂，認為如果自己請假，會令周圍的人感到困擾。即使有假也不休息，不斷地忍耐。當然對於組織發展而言，具有積極的作用，但另一方面也包括了犧牲自己的消極一面，因此我將其定名為「無我的」。

以上九大特徵，是內外學者及評論家等早就已經指出的事實，並非特別新的名詞。以下介紹探討這些特徵時，面對的問題是「那麼，今後我們該怎麼做才好呢」、「在何種遠景下展現行動較好」。

現在的日本好像在汪洋中漂泊的船，船上的人只是不斷吵鬧，卻不知該往何處去。政治家、學者和評論家各說各話，大眾傳播媒體只是不斷地抓錯，而國民只是旁觀而已。在這個時候應由大家提出「我是這麼想的」的意見，互相溝通才對。

的確，把一切交給他人做、不需要負責任，非常輕鬆，一切都是被動的，具有適應狀況的能力，也許按照女性的原理展現行動較適合國人的性格。但是，不表明自己的立場，採取優柔寡斷的態度，無法被衆人了解，沒有人願意理會你。反過來說，如果表現出如戰前日本般的「八紘一宇」或「大東亞共榮圈」的尊大男性原理，也許會讓外國人嚇破膽吧！

也許對於我們而言，基於普遍原理和價值觀，進行所有人都同意的生活方式才對。因此我認爲對於國人而言，最需要的就是與先前所敘述的國人以往的特徵相對的以下三大指標。

首先是相對於「權威的」爲採取「實力的」生活方式。對於「形式的」要採取「內容的」生活方式。對於「物質的」要採取「精神的」生活方式。

所謂「實力的」，就是不要被權力、知名度、地位或頭銜等的有無所惑，考慮個人所具有的眞正實力之生活方式。即使我們裝做很偉大的樣子，但是如果沒有實力，只能暫時欺騙對方，以恐嚇、義理或金錢、力量使對方屈服時，對方不會眞正尊敬、服從你，隨時都可能背叛你，爲避免這種情形發生，一定要培養實力，讓對方打從心底尊敬你。

例如，現在在日本的大學偏差值最高的優秀學生聚集的東京大學，根據英國某國際調查機構的調查，發現東大在世界上的大學排名為第五十名以下。所以很多日本人都不知道其他大學的存在。諾貝爾得獎者的人數或教授，在海外的知名度及在世界性學術會議中的研究成果，使我們了解這些教授或學生的實力並不高。

當我在美國的大學時，看到學生進行示威遊行。理由是大學的圖書館以往週日晚上為十二時關門，但是因為學生想繼續在圖書館內看書，因此要求延長至清晨二點。大學當局考慮對學生的健康管理不太好，因此拒絕了這個要求，結果學生卻示威遊行。最近聽說這個圖書館目前為二十四小時開放。而日本不論哪間大學的圖書館都是整日開放的。由此可知部分美國的大學生非常好學。

所謂「具體的」不是說只做一些表面的工作或學習，而要充實內容。例如，學生從國中到高中一週內花幾個小時的時間學習語言，但是一旦考試通過得到好成績之後，就感到安心了。可是這與語言學的學習沒有直接關係。最重要的是要培養語言能力。也就是說只重視形式，進行對自己沒有實際幫助的學習，這眞可算是一種時間以及能量的浪費。

最近，讓孩子到海外留學或進行研修旅行的家庭增加了，但是如果二個以上的日本人同行時，絕對不算是好的語文學習。最好的方法就是獨自一人到完全不懂你的母語的家庭中寄宿。事實上這種情形不必前往外國，在國內也辦得到。可以讓孩子住進不懂我國母語的附近美國人或英國人的家中，爲這家人工作或和他們一起生活。或是多看電視的外語節目，使自己全心投入，比起花許多金錢到較差勁的語文學校學習，還不如以這種方式，不需要花錢就能有效地學習。

所謂「精神的」，就是說不要注重物質、金錢等物質的價值，而以心靈爲主的生活方式。日本是經濟大國，日本人在海外購買高級品牌的產品令外國人吃驚，即使配帶名牌貨，但是如果沒有品性和教養，也會遭人輕視。婚喪喜慶等的應酬，大都是以送什麼東西、出多少錢爲主，不在乎心靈的價值，對於一些有心之士看來，眞是令他們嘆息。眞正豐富的人生是不能以物質的多寡來衡量的。

第二是對於「以自我爲主的」要採取「共生的」的生活方式。對於「情緒的」要採取「思考的」生活方式。對於「不合理的」要採取「合理的」生活方式。

所謂「共生的」，就是要自覺到雙方是命運共同體的一員，要互助共榮共存。如果我們無法得到周圍的恩惠，光靠自己沒有辦法活一天，我們獨自的存在非常懦弱，因此不要過於自私，必須要擁有體貼他人之心。

我們的生命，如果將整個宇宙比喻爲自己的身體，則我們的生命只不過是居住在裡面的癌而已。我們攝取棲息在我們體內的養分而生存。也就是說，我們得到宇宙的資源而生存，癌才能繁殖，如果我們由宇宙體中拚命地爭奪營養，想要補給，則最後身體和癌都會倒下。先前所說的垃圾話題，這些物品不能丟棄在他人的地方而若無其事，應該互相犧牲、互助合作才是最重要的。

所謂「思考的」就是要冷靜地看穿事物的本質，適當應對的生活方式。

俗諺云「欲速則不達」，一旦過於情緒化時，容易出現錯誤的判斷，無法得到好的結果。所以不要放任自己的情緒而只考慮眼前的利害而做判斷，一定要把將來納入而判斷事物或展現行動。

所謂「合理的」就是要省卻不合理生活的不便或浪費，雙方有效、努力地經營共同生活。

例如公共道路工程，同樣的道路下有上下水道或電線通過的直線行政，一旦反覆挖掘，會導致通行受阻，所以相關者事先必須達成協議，讓工程順利進行，應該具有這種智慧。近來國內已逐漸改善的情形，就是節約了包裝紙等，事實上有很多必須改善的生活事項。

第三是對於「消極的」要採取「積極的」生活方式。對於「封閉的」要採取「開放的」生活方式。對於「無我的」要採取「主體的」生活方式。

所謂「積極的」，就是在生活各方面，不要「亦步亦趨」地採取追隨他人的生活方式，自己無法判斷的事情可以請教他人，但是在學習、工作或交涉事項方面則由自己進行。

例如棒球比賽，如果打者一直等待投手投出壞球，最後就會被三振出局。當然選球很重要，但是投出的好球如果不積極地打，最後一定無法獲勝。

所謂「開放的」就是要敞開胸襟，將自己所擁有的一切向對方公開。我國許多的大學圖書館會將一些藏書只借給與自己有關部門的人。此外，公共團體或企業團體、學者及大衆傳播媒體相關者，會放出一些他人即使知道也無妨的情報或資料，但是重要的資料則不會公開。我們如果想知道這些情報或資料，必須託人寫介紹信，經由各種管道收集，但有時仍會徒勞無功。

最近，世界先進各國由於電腦和網路的普及，在自宅就能立刻得到政治、社會、經濟等所有的情報與資料，不過這些都是屬於公開的資料，但國內各機構和個人還是屬於封閉的。因此，只有靠自己多奔走才能收集到資料。現在國內充斥各種國內外旅行指南，但是幾乎都只介紹一些觀光名勝地或是著名的交通、飯店等，關於當地人的生活方式等則未加記載。看電視或雜誌可以看到一些有趣的報導，但是卻缺乏眞正進行國際交流所需要的知識。如果在世界各國都是官民一體，這一類的情報或資料能公開或交換，相信因誤解或偏見而引起的紛爭就會減少。

所謂「主體的」，就是各自擁有責任，將自己的能力活用到最大限制的生活方式。尤其像國人特別喜歡主張權利，在他人的庇蔭下會做出不負責任的言語、行爲，但是任何事物都是在民主主義的名義下，以多數表決的方式決定，盡量看到一些附和雷同的人。這種方式絕對沒有辦法在學問或工作上出現眞正具有創造性的發展。

因此，我以上提出的建議，對於世界衆人，尤其對於國人而言應是今後生活方式的參考。

上述的三大項目及其各別區分的三小項目的部分，這些指標事實上就是佛教所謂的「三寶皈依」，也就是「皈依佛法僧」的教誨。

這個「佛法僧」不是指發出這種聲音的鳥叫聲，也不是指參拜佛像、律法或僧侶的意思。

所謂「皈依佛」就是在自他中找尋理想的人間像，而配合這個人間像，展現自己的生活方式。所謂「皈依法」，就是指在宇宙的理法中，即生命的功能中找尋適合自己的生活方式。所謂「皈依僧」就是讓自己融合於我們所集結的力量，大家互助合作，而擁有豐富的生活。

到最近為止，我一直認為佛教所教誨的「皈依三寶」，事實上就是指「南無皈依佛、法、僧」，並未察覺它是與現實生活有關的指標。因為不知道這一點，因此即使對於佛法僧三寶採用訓詁解釋的方式，對我們而言也不是活生生的教訓。對於佛教徒而言，當然每當儀式或集會時唱和「三寶皈依文」很重要，但是最重要的是，必須捫心自問，自己的人生是否朝向這個方向實行。

而這個內容，即使不是佛教徒，對於想要成為眞正人類的人而言，也是必要的指標。因為是深刻反省自我，就會發現如果不按照這個三寶的生活方式做，即會發現醜陋的自己。

我們是有很多煩惱的人類，也許沒有辦法領悟而擁有滿意的人生，但是如果能夠努力完成三寶的內容，也是有意義的做法。

現在的父母眞的很可悲。進入高齡社會後，被周圍的人視為阻礙者，很難過著幸福的人生。戰時、戰後如工蜂般拼命工作、養育子女，好不容易生活穩定、告一段落時，已到了退休之年，失去了工作，而孩子則自組小家庭獨立，不照顧父母，在外自立門戶。關於這一點，鄰國韓國至今仍擁有濃厚的儒教精神色彩，絕對服從父母，絕不在父母面前若無其事地抽煙、喝酒。

國內有許多人想結婚時也不會詢問父母的意見，將自己決定的結婚對象介紹給父母認識時，說「我打算結婚了，給我錢吧」。如果父母反對時則說「爲什麼我不能和自己喜歡的人結婚呢」，甚至一生怨恨父母。

最近我收到某位醫師的來信，他說，醫院有一位已到末期症狀的年老患者，他的兒子對醫師請求「再讓父親活下去要花很多錢，眞是沒辦法，請你早點結束他的生命吧」。活著拼命工作，生病之後受到虐待，死了之後卻像消耗品一樣要被處理掉。果眞如此的話，到底我們爲何而生、爲何而死就不得而知了。

這樣的人生沒有如眞正人類般的生活方式，死了也好像死去一隻野狗般。與其過著這種無用的人生，還不如在活著時每天都使身心皈依「三寶」，如果對於所有遇到的人、事、物都能以新鮮的驚奇，以及「一期一會」的感謝之心對待對方，則我們眞的就能過著幸福的人生。不論何時何處，離開這個世間時，回顧自己以往的人生，就會產生一種無悔的感覺，認爲「活過這一遭眞好」，希望大家都能笑著離開人世。

三、佛祖說過什麼

西元前五世紀出生於北印度，在當時婆羅門教的傳統中長大的釋迦族王子哥塔馬．西達多，在修行七年後，終於在菩堤樹下領悟，被尊稱爲佛陀釋尊，是佛教的始祖。他到底領悟了什麼？又想要傳達給世人什麼？

爲了了解這些，到目前爲止許多的學者們，將從印度傳到亞洲各國的巨大佛典及其它相關記錄加以解讀，經由各方面，綜合的讀取這些資料，終於正確的將佛祖的一生及其教誨呈現出來。

像我國，已經有許多的佛教學者及佛教徒介紹了很多的佛祖傳記及其教誨，或加以註釋，其中有很多相信大家都已讀過。同樣的事在此省略，在此我想以稍微不同的方式來敘述我的感想。

雖然我不知道是否能正確的傳達佛祖的姿態及其教誨，但至少對我而言，我的確是這麼想的。而且我認為因為這些想法，使得佛祖的生活方式更值得我們尊敬，更具意義及價值，而這些教誨對現代人來說，更顯必要而不可或缺。

從佛祖出生當時的時代環境來探討，他的父親斯德達納是釋迦族的族長，統治北印度的提拉克特地方，是大國科沙拉的屬國。在大國的統治之下，即使是生為王子，也不可能過著奢侈的生活。而且不是屬於統治階級，是屬於其次的武士階級，因此必須時常參與作戰。戰爭有勝有敗，經常會有危及生命的威脅。

在今天也有學者主張釋迦族並不屬於支配階級的亞利安民族，而是屬於住在尼泊爾地方的亞洲後裔民族，或是必須要屈服於支配亞利安民族的科沙拉國的亞洲後裔弱小國，而出生於弱小國的王子，當然有想要脫離桎梏成為獨立國的想法。此外，為了修行而出家，離開父王的身邊，進入馬加達國，在其首都會見賓比沙拉王，表明他想脫離科沙拉國統治的心態。但是當國王對佛祖提出以下要求時，他卻拒絕了。

「你年輕，春秋正盛，是人生剛開始的青年。容貌端麗，像個天生尊貴的武士一般。希望你能成為我國的大臣，我想給你以象帶頭的精銳部隊及財產。請告訴我你的希望。」

佛祖對他的要求則說：「國王啊，那邊的雪山（喜馬拉雅山）山麓住著一個民族。自古即屬於科沙拉國，就是擁有財富和勇氣的釋迦族。我出身於那兒，但卻出家了。不是爲了滿足自己的慾望。慾望是無窮盡的，我是爲了追求眞實之道而出家，爲了不斷努力而來到此處。」明白的拒絕了他的要求。

釋迦族後來被科沙拉國征服，走向滅亡的悲慘之路。然而賓比沙拉王願意接納被敵國毀滅的釋迦族國的王子，成爲政治上的同志，的確是非常有膽識的作法。但是釋迦不願夾在這二國的政治權力鬥爭中，捲入這個漩渦裡。

當時的印度是群雄割據的時代，各國以力對決，弱小國被強大國毀滅或併吞，重複在榮枯盛衰中浮沉。可能佛祖早就目睹過這種狀況，或是嘗過這種悲慘滋味了。

即使可以暫時的以權威和權力來統治，但是以長遠的眼光來看，絕對不能爲人類帶來和平與幸福。必須要超越個人相對利害關係，以宇宙理法以及傳達宇宙理法的人格者爲主，一起走向幸福之路才對。

後來，七來來在諸國行腳修行，備嘗辛酸，遇到很多思想家，無論在肉體上或精神上，都已經體驗到人類根本無法忍受達到極限的人生經歷。大部分的人可能認爲自己根本無法達到這種界限。因此在遭遇痛苦時就會發出哀嚎之聲，或者產生挫折感。

但是，佛祖的修行在這一點上絕不妥協，徹底修行。佛祖對當時的修行，做了以下的回想。

「以前的休拉馬納（修行者）或婆羅門（僧侶），不管受到任何的痛苦都比不上我所受的痛苦；而未來的休拉馬納或婆羅門，即使受到劇烈的痛苦，還是比不上我所受的痛苦。沒有人會比我所受的痛苦更嚴重的了。現在的休拉馬納或婆羅門即使受到任何劇烈的痛苦，也比不上我受的痛苦。但是藉著這些嚴厲的苦行，使我到達超越普通人或法的最高境界，使我發現到悟道的其他方法。」

經過不斷的錯誤而達到最高極限的人，在摸索時才能到達一種類似「啊，就是這個」的悟道境地，才能抓住秘訣。這並不是一開始就知道的，而是要經歷過痛苦之後才能接觸到自己的目標。

我們不管從事任何的課業、工作或運動時，是否曾經向「沒有辦法再繼續了，再繼續下去的話身心都會受損」的界限挑戰過呢？可能大部分的人都會後悔「再努力一下就好了」。就好像是挖井，如果不能挖到水湧出的位置，那挖井就等於毫無意義。

雖然經常聽人說要「平靜下來」，但是要到達一個能夠眞正安心的境界，必須自己先掉到一個深不可測，已經到達最底端的深淵中，從心底產生終於「穩定下來」的想法，才能眞正使自己平靜下來。藉著平靜的程度來得知自己的實力和能力，產生自信，同時尊敬超越自己實力及能力的人，而自己本身則要有虛懷若谷的胸襟，這樣才對。但是在世界上有很多人旁若無人的表現出驕傲的態度。

從難行苦行中找尋人生最終目的的佛祖，絕不會讓自己一直處在這種極限狀態中。修行後他到達印度中部布達加亞的尼朗加拉河邊，在絕食狀態下思索時，喝了幾口一位住在附近村落，名叫絲佳塔的女孩端出來的乳粥而恢復了生氣，利用岸邊的水沐浴之後，坐在菩提樹下冥想七天，終於悟道。

看見佛祖吃女孩送給他的食物，從者們認爲老師禁不起惡魔的誘惑而變得奢侈，捨棄苦行而墮落了，誤解他而紛紛求去。但是佛祖卻深深的感覺到，要使心理健康，首先一定要有健康的肉體才行。

後來他以琴弦做比喻，讓弟子們了解到出家前所經歷的快樂和出家後持續苦行，絕對不是悟道的正道，他說：「琴弦太鬆發不出美麗的音色，太緊的話弦會斷裂。修道也是如此。怠忽修行，心靈會太過鬆懈，但若太過緊繃，則會太過緊張，所以身心都必須保持中庸之道才行。」

也就是說，琴弦的緊度維持在能發出好音色爲主，超過這個程度就是所謂「即非」的境地。

當其弟子梅塔格後來詢問佛祖悟道的內容時，在佛典中佛祖是作以下的回答。

「梅塔格啊，我將眼前所體會到的理法向你說明吧。梅塔格啊，在上、下、側面與中央，你察覺到最了解的是什麼呢？對於這些，要先去除喜悅、偏執和識別，不要只停留在變化的生存狀態中。這樣子你就會看得更清楚。一個毫不怠惰的修行者，會捨棄自己的固執，捨棄生、老衰或憂傷、悲哀，在這世間成爲智者，捨棄痛苦。不擁有任何的東西，不會執著於慾望的生活，像你所知道的婆羅門、威達達人——他的確通過了這些煩惱的激流，到達了彼岸，不會放縱自己的心靈，也不會心存疑惑。」

此外，其他的佛典中記載「心從慾的污濁中得到解脫，心從生存的污濁中得到解脫，心從無明的污濁中得到解脫。解脫之後就能產生解脫的智慧。生到達盡頭，完成清淨行。該做的事皆已完成」。

沐浴在機械文明的恩惠中，放逐於慾望中，認爲只要有錢，什麼東西都可以買得到，能夠隨興過著舒適生活的現代人，也許每天只要過著有趣、好玩的生活就足夠了。有的人甚至自豪的說，爲什麼要去追求人生最終的目的，「即使不認眞的悟道也無妨」。的確，如果能持續一生過這樣的生活也不錯，別人也不會有任何的批評。

「這就是我的人生。不管將來會放逐山野，或是變成如何，那都是我自己的事」。這種心情我不是不了解。隨興生活也算是一種生活方式，是個人的自由。但是，凡事都是自作自受，等到事後反悔都已太遲。我從沒有聽說過，自甘墮落的人能夠保持個人的身心健康，不會爲別人造成麻煩，得到別人的尊敬。

身爲現代人的我們，生在這個時代，或者佛祖生存的二千幾百年前的那個時代中，人類的慾望一直都沒有改變，幾乎所有的人都希望滿足自己的生存慾或所有慾，即使犧牲他人來達到目的，貪婪永無止盡。這就是一種我欲的強烈表現。事實上我自己也是如此。自己幸福無所謂，看到別人幸福就會嫉妒。

某位大學教授最近退休了，從這時開始就很少有人請他執筆或演講，變得非常的有空。這時看到年紀相仿的親友，送他近著的贈呈，或有人請他寫書評，內心感到非常的無趣，他坦白的告訴我自己的想法。在世間一些清貧、受人尊敬的偉大高僧會說：「要斬斷物慾是很容易的，過了壯年期要斬斷肉慾也並非難事。但是直到最後，折磨自己的仍是聽到其他僧侶受到好評時，所產生的嫉妒之心。」

在佛祖的時代，也有同樣的逸事流傳下來。

科沙拉國的帕塞那提王，聚了一位名叫瑪加里的美麗王妃，過著幸福的日子。有天，登上高樓觀看周圍的景色，忽然問王妃：「在這麼大的世界上，你最愛的是誰？」他期待王妃的答案是國王。但是王妃卻回答：「國王啊，這個世界上我最愛的是自己。」令國王嚇了一跳。

當弟子把這件事告訴佛祖，請求教誨時，佛祖說：「無法發現比自己更可以去愛的人。雖然有其他的人，但是愛他們卻沒辦法超越愛自己。所以懂得愛自己的人就不會去害別人。」

我們人類不管在任何一個時代，都會擁有這些慾望，互相配合，虛虛實實，互相妥協，有時難免產生糾紛，彼此傷害，結束短暫哭哭笑笑的一生。看著這樣的自己，會覺得非常的愚蠢，但卻仍不斷的去滿足自己的慾望，一天又一天，永無止盡。

尤其是生為現代人的我，需要比別人更輕鬆、更得意、外觀更好看，因此，每天都過得非常辛苦（或許只有我自己這麼認為）。如果可以的話，希望可以不用每天工作，自己一個人埋首於喜好的興趣中，過著輕鬆的生活。但是，事實上沒有這麼便宜的事。經常都是忙於工作，一整年都沒有休息的狀態。

此外，我也希望簽中六合彩，一舉發大財，但是幸運之神似乎已經放棄我了。每當大特價或大拍賣時，總是虎視眈眈的想買到便宜貨。而且，雖然頭髮都已白了，根本忘記自己的年齡，還是一天到晚打扮成很年輕的樣子，希望很多人能對自己阿諛奉承。

所以，以往我希望自己能過得更輕鬆、更得意，外觀更好看，可是最近我卻發現到這種想法有缺陷。也就是說，將工作交與他人或機械時，會使自己身體運動不足而發胖，體力減退，頭腦也因不常使用而記憶力減退、思考遲鈍，出現自我毀滅的危險信號。

而且若自己簽中六合彩，會對他人造成損害，造成別人的不滿足感，也許雙方會因此而反目成仇。此外，不在意自己的年紀，而著重表面上的裝飾，打扮得漂漂亮亮的，這只是欺騙自己及自己所有物的實體，或是欺騙他人的做法。但是，並不是察覺到這些，就會反過來喜歡辛苦不喜輕鬆，犧牲自己而不求所得，讓醜陋來代替外觀上的美麗。除非是人格非常優秀的人或是僞善者才做得到。我還沒有這種功力。

那麼該怎麼辦才好呢？幾經思考之後，結論就是佛祖所領悟的內容。也就是說，不要去在意苦樂、損得、美醜等的相對價值判斷。如『雜阿含經』中所說的「如來離二邊說中道」。要超越相對的兩極，讓自己的身心沈浸在絕對的佛的境地中。

這與現代和歌作者，原石鼎先生所歌詠的「秋風或花紋不同的二個盤子」是同樣的道理。盤子本身是相同的，但因花紋不同，各自有自己的主張，互不相讓，像這樣的人何其多啊！我們爲什麼不能捨棄這些觀點呢？

也就是說，不要以自我爲主，配合自己的喜好去取捨，而是要將自己投入佛中，達到一個絕對皈依的境地。也就是說我們把善惡、正邪、美醜、好惡等完全相反的概念視爲一對，甚至會錯覺到它們是實際存在的，因此產生這種相對的二元論價值判斷。這種以一方好而必須捨棄另一方之二選一的想法，使你絕對無法產生相互理解或是對對方的體貼之心。

最近在世界各地時常發生宗教或民族間的紛爭，以及意識形態的對立等等，這都是基於相對二元論的價值觀的相剋或糾葛所造成的。

佛祖及後來的佛教徒，排除這種將人與事物分割的想法，是基於絕對不二一元論的立場。也就是說在自己捲入權威或權力鬥爭的漩渦時，在跟隨者及指導者的相對關係中，經常處於弱者、敗者的立場，遍嘗苦澀之後才有了這種體驗。

佛祖捨棄以往王子的舒適生活而出家的動機，就是當他走出城外，看到很多人跌入不幸或不快樂的深淵中，想到自己的慾望得到滿足時的快樂，以及接下來的瞬間又有更大的慾望抬頭，當慾望無法滿足時所感受到身心折磨之痛苦的事實。

英國劇作家巴納德．蕭就曾說過：「人生是痛苦的。而二個人之間唯一不同的是，個人所嘗到痛苦的程度差距而已。」

佛祖也說人類有生、老、病、死四大苦。與所愛的人分別的苦，必須去見討厭的人的苦，想要的東西無法得到的苦，太過滿足感到厭煩的苦，兩者合稱爲「四苦、八苦」。他努力想要從「四苦、八苦」中解放出來，努力之後所得的結論，就是人類的慾望是無法否定的（即使想要抹殺也無法抹殺），他找出了能控制慾望，對自己和別人都有幫助的路來。

也就是說並不是採取戰勝他人，充分滿足自己慾望的強者生活方式，而是雙方都能自覺到自己是容易受到慾望撥弄的意志存在，所以要戰勝自己，互相體貼，採取共存共榮的生活方式。

人類通常會強調自己的慾望，外表堅強，但事實上內心卻是脆弱的。即使生前拼命努力得到權力及名譽、頭銜或財產，老死之後一切仍需放手。不知這一點，在健康年輕的時候老想著「我能永遠健康的活著」，但是一旦生病之後，知道死期將近時，就會吐露出弱者的心聲，希望能延長生命。

我們通常認爲自己的人生很幸福，是指肉體、經濟、精神都很安全、安定，能過著安心的生活，能埋首於喜歡的工作和興趣之中渡過一生。像這種人類理想的生活方式，就如江戶時代的俗謠中所歌詠的——

永遠都像三月的春天

我十八，妻十六

用不完的黃金百兩

孝順的兒子三個

即使死了　也如活著一般快樂

永遠在快樂舒適的環境之下，年紀不會增長，與最愛的人共同生活，沒有金錢上的困擾，想要的東西都能得到，子女都能盡孝，即使死了，在另外一個世界也能快樂的活著，這樣就萬萬歲了。但事實上這是不可能的，每天都是過著充滿不滿和痛苦的生活。

即使想要有這樣的生活方式，但是在這世界上，有很多人一開始就不能過著這樣的生活。星野富弘就是其中一人。

他曾是高中的體育老師，在社團活動時，因後空翻失敗，造成手腳殘障，只能藉著嘴巴的力量寫詩、畫畫。但星野已經達到了以下的境地。

光是看　什麼也不畫　一天就結束了
我發現　這樣的日子和發生大事的日子
具有同樣的價值
活著眞是苦啊
在我認爲生命最重要之時
當有一天　我發現有比生命更重要的東西時
活著　眞好

也許各位已經察覺到了與先前的俗謠相比，星野的生活方式與前者有天壤之別。前者是希望自己的生活幸福，將外部舒適條件納入的生活方式；相反的，星野的生活方式則是沒有這些外部的舒適條件，調整自己的內部條件，使自己的人生過得幸福。

對於把自己的一切交給神佛的人而言，自己的生命不是問題，因爲一切都已交給神佛去處理，因此而產生活著的喜悅感。

美國作家亞尼斯特·海明威，在第一次世界大戰的一九一八年加入義大利戰場從軍，在馬沙爾塔附近，被敵人的砲彈碎片擊中，身負重傷，瀕臨死亡，他敘述當時的體驗如下：

「我當時已經死了，我察覺到自己的靈魂，就好像從口袋裡掏出手帕一樣，我覺得自己好像筆直的跳了出來，在周圍飛了一圈後，再鑽進自己的軀殼內，因此我沒有死。」

江戶時代的至道無難禪師說：「活著時已經成為死人的人，心靈不死。」也就是說在活著的時候已經死了的人，死的時候就不會再死去了。

法然上人也說：「念佛之人，即使罹患疾病都是維持一種宿業。」還說：「想要到達淨土的人，即使罹患疾病也會以此為樂。」

到達這種境地的人，會發現不是自己活著，是佛讓自己活著。因此不會為生死而感到煩惱，能夠安心的過著感謝的人生。

捨棄自己的一切，過著弱者般的生活方式，是現代人很難辦到的。這是因為他們很少有機會處於徘徊在生死邊緣，了解自己能力的界限狀況。在這點上，佛祖以及遵從其教誨而活著的人，會經歷到一些令人感到非常厭煩的痛苦。而屬於生活優渥的統治階級的強者，絕對不會有這樣的機會。

即使是生活的弱者，在殘酷的環境中受到虐待，但是卻能努力的走向自己的人生。對於他人的痛苦也較能一視同仁，寄予同情，產生體貼之心。

佛祖開闢了佛教，後來在印度銷聲匿跡，據說就是因爲無法抵擋婆羅門教或回教等強者的權威、權力等宗教習慣。但是佛教離開印度，從中亞傳到中國，成爲備受尊崇的大乘佛教。脫離了血統及民族的狹隘範疇。大乘佛教的先驅者們所到之處，都對被強者們虐待的弱小人民，伸出安慰鼓勵的援助之手。

不論是自由主義諸國，或是夕陽化的社會主義國家，基於競爭原理，利用強大的力量，強者享受勝利的喜悅，而失敗的弱者不是得屈服於強者之下，就是遭到淘汰的命運。

在這種狀況下，佛祖的教誨一開始就是解救弱者的教誨，尤其是大乘佛教更強調利他行。問題是並非由強者來對弱者施予經濟援助或慈善事業，而是與弱者站在共同的立場同甘共苦。如果我們不能從佛教中學會這種想法，一旦成爲強者就不會去顧及其他，那麼我國的佛教就沒有未來。

今後我們光輝燦爛的未來，並不是在於我們是否能走向「微笑的人生」，而是在於佛是否能走向「微笑的人生」。

四、日本的佛教生活方式

國際性英文雜誌『時報週刊』曾經報導美國CIA（美國中央情報局）委託民間的智囊團整理出來的報告書『日本二〇〇〇年』中，公開發表內容是「日本想要統治世界經濟」「日本人缺乏責任感，具種族歧視，是非道德的」，都是些會令我們神經錯亂，駭人聽聞的內容。

此外，最近預言第三次太平洋戰爭的『與日本的戰爭即將到來』一書，在美日兩國成爲暢銷書，單方面批判日本的論調逐漸升高，責難的論調如排山倒海般淹至。這是因爲日本在戰後，因美國的庇護而復興，現在更是超越美國，成爲世界第一的經濟大國。但是對國際上卻沒有任何的援助或貢獻，獨自沈醉在榮華富貴之中所造成的。

尤其東西方冷戰關係結束後，德國統一，蘇聯社會主義瓦解，伊拉克失敗，現在能瓦解世界平衡的只有經濟大國日本而已。因此，自認爲是世界領導者的美國，將矛頭指向日本。尤其是這幾年來，美日構造協議中所見到的貿易摩擦越演越烈，最後發展爲從屬於美國系列下的文化摩擦。

對於美國嚴厲的外交攻勢，日本的政界、財界、產業界的首腦們慌忙應對，惟恐引起美國方面不高興。有的人認爲應屈服妥協，有的人則主張應採取斷然拒絕的態度，而呈兩極化的意見。應採取的路線不同，對日本的將來會造成極大的變革。站在堪稱爲第二開國的歧路上，若選錯了路線，對日本將造成很大的影響。

如果日本不想引起美國不悅的話，就必須展開屈辱外交，成爲世界上的笑柄。但若採斷然拒絕的態度，日本會被孤立，對於本身沒有資源的日本而言，恐怕不得不再度與美國交戰，結果恐怕會遭遇致命的打擊。

如果能夠有一條成爲突破關口的第三條路，那到底是什麼呢？也就是日本除了走自己的路之外，還必須對世界和平與發展有所貢獻才行。眞的有第三條路可走嗎？如果可能的話，到底是何種內容呢？我認爲需要檢證一下。

在此，不去摸索政治、經濟、產業等硬體面的政策及方法，而是將焦點對準由國人的心性所構成的宗教文化的軟體面，抽出其特質，來探討一下在國際化社會中，今後會對我們的生活方式造成何種影響。

今日我國的社會可說是世界上史無前例的世俗社會，自明治維新以來，爲了超越歐美各國列強，而採取中央集權式的強力國家體制，採用西方文明，致力於近代化，忽略傳統的精神文化，或者使其從屬於國家體制。這種傾向在戰後曾經一度遭到挫折，可是戰後不久就再度補強，變得比戰前更強大。

以稅制爲例，國民肉眼看得到的所得或財產，都逃不出稅務當局的眼睛，精神價值的有無也全都換算成金錢，進行申報課稅。迫使國民要順應唯物論的國家體制。因此低所得者被視爲幾乎沒有什麼精神價值，而高所得者則因累進課稅，被課以重稅，而不能奢侈浪費。在物質上能過著優裕生活的，都是戴著公家假面具的權力者，鑽法律漏洞的逃稅者。

在這樣的「系統」中，大部分的國民都只能過著貧窮的生活，一生都只能像工蜂一樣努力不懈的工作著，形成了「國家繁榮、國民滅亡」的模式。這樣我們還能標榜爲居於世界之冠的文化國家嗎？

但是，也有可能會提出以下的反駁理論。也就是說如果能脫離現在國家體制的範圍，每一個國民都任性而爲，無法維持秩序的話，會使貧富差距比現在更爲擴大，形成無法收拾的局面。因此認爲國家應該發揮親權，具有保護國民的義務，不得不採取如以往般的國家統制。而國民本身有依賴國家的權利，在萬一的時候，由國家來發揮力量。這就是國家和國民之間所具有的一種關係，藉此提高相互的依賴度。結果從其他國家的眼中看來，我國的國民被認爲是國家至上之排他的國民，而遭受輕視。

然而，世界趨勢與我國的孤立主義傾向完全相反，以美國爲主，全都進入盎格魯薩克遜流的世界秩序構想中。也就是說，站在世界視野上，必須徹底擊潰會擾亂平等、自由及博愛的秩序及平衡的國家和國民的一神敎正義支配一切。我們眞的能取代被世人認同的盎格魯薩克遜流的世界秩序構想嗎？當然如果我們的旗幟在其之上還不要緊，否則的話，我們就只能遵從他們的思想。

美國在第二次世界大戰時，基於結束大戰的大義，而彈劾德國納粹及日本的軍閥政治，將其視爲專制的帝國主義，而對於戰後蘇聯的共產主義及伊拉克的獨裁政治，也同樣的加以彈劾，用所有的經濟、軍事行動來阻止。在危機解除之後，美國當然會將矛頭指向經濟突出、威脅世界秩序的日本。

像先前波斯灣戰爭時，日本所採取的態度是以憲法第九條爲盾牌，雖然表明派自衛隊參加及經濟援助的態度，可是卻呈現出一種「事不關己」的孤立主義傾向。

農產品的自由化問題及企業系列化反對的運動等，美國方面的意圖並不是小型的市場開放，最終的目的不單只是經濟的問題而已，而是希望迫使日本的系統全部改爲盎格魯薩克遜流。對於這些作法，日本是否能加以拒絕，或是採取能夠讓對方了解、同意的哲學或方法呢？

結論就是我不認爲我國的政治家或企業家、學者具有能夠反對盎格魯薩克遜流的主義主張，能夠井然有序的說明我國立場及自己哲學的人材。這個證據就是前些日子，經濟同友會的幹部曾發言說：「現在的政治家無哲學。」觸怒了自主黨的西岡武夫總務會長，結果同友會方面撤回發言，道歉了事。

當這種沒頭沒臉的政治及企業開始向前邁進時，世界衆人永遠猜不透日本人到底想要幹什麼，而產生一種恐懼心理、警戒心理。

而日本的宗教界也是五十步笑百步。問大部分的日本人「你的宗教是什麼？信仰是什麼？」時，大部分的人會回答「沒有」或是「不知道」。即使平常對宗教不關心的人，一到中元節或過年，也會去掃墓或到寺廟參拜，婚喪喜慶也免不了宗教儀式。

看到這種現象，外國人眞的不知道日本人是非宗教，還是撒謊，很難加以判斷。

像這樣子的人可能會接觸到很多宗教，配合自己的狀況，將各個不同的宗教都當成是自己的信仰。這對信奉一神教的基督徒或回教徒而言，都是無法想像的事情。

會因時因地使用不同方法的人，缺乏相信特定宗教的自覺，具有容易附和周圍狀況的特徵。

總之，個人或個性的自我主張非常薄弱，經常是個人成爲生活共同體的一員，互相依存，重視這種謹愼的生活態度。

最近這種他人依賴行爲逐漸減少，自我爲主的人也有增加的傾向，但是在內心深處還是有一種「向他人撒嬌」的心態。因此，自己要展現行動時，並不是自己來判斷、決斷，而是觀察周圍的狀況來展現行動。

對日本人而言，圍繞自己的社會或國家，本身就成爲一種宗教。分析日本人的宗教心的人，就是『日本權力構造之謎』的作者卡雷爾·渥爾夫朗。

他說：

「日本人評價日本社會、政治秩序的手段，並不是採用法律或宗教，或是體系的思緒井然的智慧探究法，爲了加以評價，必須要使用由身邊社會環境所發生的要求，以及基於這些要求而形成日常生活上的『諸現實』。所以不是由『系統』的外部來決定『系統』，而只要直接裁決『系統』就可以了。也就是說『系統』本來是善的，因此不可能去批判其本質。『系統』的守護者們，主張他們所代表的秩序體系原本就具有體貼的精神。而『系統』就是宗教的代替物。」

他認爲日本的「系統」頂點是天皇，天皇制發揮宗教的機能，而神道或佛教及其他宗教都只是以從屬的方式存續下來。如果這是事實，則日本的諸宗教，以天皇爲頂點的「系統」，也就是如山本一平所說的「日本教」的一個分派而已。而不合要求的宗教則會被視爲異類而拒絕，無法存續下去。因此，在日本基督教或共產黨的教線無法發揮作用，原因可能就在這裡。

由此可知，一種肉眼看不到的「系統」，成爲綁住日本人的帶子，一旦有事發生時就會發揮強大的約束力。但是看在外國人眼裡，卻認爲這是一種封閉的、排他的作法。尤其像日本這種小島國，幾乎是同一日本人種，使用同一日本語，維持均質性的習慣，因此情報容易傳達。外國人對這種組織力及儉約、勤勉、教育熱心，當然會產生一種驚訝及威脅的感覺。

同樣的，具有「系統」補強作用的日本國內諸宗教，能夠發揮日本民族獨特的民俗宗教機能，但是外國人卻無法進入這個組織中，成爲門外漢，只能從外部觀察，當成是感興趣及研究的對象。這好像是猶太人的猶太教，印度人的印度教，中國人的道教一樣。

今日，在南美及美國等地都有日本佛教的各宗派進行開教事業，而大部分都是以移居當地的日本人及其子孫的日本後裔爲對象，沒有看到除了日本後裔之外的當地改宗者。如果這個「系統」沒有辦法褪去日本要素的外皮，恐怕對當地人的開教是不可能成功的。也就是說，想在海外傳教成功，必須捨棄「日本教」的佛教，而是要以佛教原有的達摩爲主，基於普遍的原理來傳教，或是按照以往的習慣，沿襲孤立的「日本教」的佛教來保持其命脈，只能二選一而已。

舉個身邊的例子，像夏威夷的開教事業，在該地有很多的日本宗教各派進駐，其中最具日本要素的就是神社神道。在神社前建立牌坊，神主主持神式的婚禮或地鎮祭，而信徒幾乎都是日本後裔。

而基督教會當然日本要素較少，但是日系基督教會仍是以日本後裔爲對象。聽說這裡的日系基督教被白人教徒視爲異類，而其他的日本後裔則將其視爲是白人的幫襯者，遭人冷眼對待，因此他們只能自己建立教會，加強同志間的結合。

身處於夾縫中的佛教教會分爲二類，一個是以日本後裔爲主的佛教教會，表面上是模倣基督教的形式，但其實還帶有強烈的日本要素色彩。當地人幾乎都不會前往。另外一個是以當地人爲主的佛教教會，日本要素較少，只是採取其中較普遍的部分而已。

如果今後要在夏威夷發展佛教，恐怕不得不陸續轉變爲後者的方向。這裡的佛教開教事業中，日本佛教傳道先驅存在的去就備受矚目。

在日本，最具有日本要素的也是神道神社，其信奉者是以天皇爲主的「系統」的補強者存在。誇示日本獨特的傳統文化，認爲自己是世界的典範，但是也可能被世界孤立。其代表人物有昔日的作家，三島由紀夫及現代的石原愼太郎，他們在日本的美學上不斷的鼓勵日本人。

與其相反的就是基督教會及疑似宗教的共產黨，其傳教者有的是傳達西方思想，有的是傳達列寧主義思想。對於想要逃避舊有的日本要素的日本人而言，的確風行一時。但是並不是進行心靈或社會的根本改革，所以，隨著歐美諸國的疲弊以及蘇聯等的沒落而逐漸褪色。

在其夾縫中的日本佛教各宗派，具有傳統的日本要素，有能夠滿足信徒虛榮心及義理的「系統」及檀家制度，在經濟上能安泰繁榮，但內容卻逐漸空洞化。其證據就是，身爲護持者的我國大部分佛教徒們，並不自覺自己是佛教者，也不在佛教的規範上生活，只是在家的宗教及習慣上、名義上稱爲佛教徒，實際上卻不具有堅定的信仰，一旦發生事情時，也就是「困惱時才拜託神佛」。萬一寺廟沒落或是佛敎滅亡時，這些人恐怕也不會有任何的抵抗，隨波逐流吧。

嚴格說起來他們並不能算是佛敎徒，只能算是「日本敎徒」。

對於今後我們的生活方式而言，必要的指導原理並不是只適用於日本人的個別原理，而是世界通用的普遍原理。並不是使自己埋沒，孤立於以往國內才適用的「系統」中，但是也不是讓自己從屬於盎格魯撒克遜流的一神論的思想，而是超越民族、人種、性別、思想，具普遍原理的「達摩」（宇宙法則），基於這個法則的佛敎生活方式才是正確的生活方式。

但是，在此我想強調的是，即使我們是基於普遍原理採取生活方式，但是對於現在的國人而言，不可不做日本人，不管在哪裡都必須尊重民族的特殊性，不可以成爲無國籍的人。或者是凡事都倣效西方的日本人，討厭自己是日本人，在移居美國時，甚至把自己的日本名捨棄不用，改成西洋名字。但這麼做也無法成爲眞正的西方人（或許他自己認爲是如此），還可能遭到西方人或日本人的輕蔑吧！

此外必須注意的就是，冠上「日本」之名也沒什麼不好。像以往「日本製」被視爲是劣製品的代名詞，但現在不論是音響製品或是照相機，卻已成爲品質優良的高級品，廣受世人信用。而生產這些產品的日本人，其知識水準及組織力和勤勉度也都非常有名。不只是現代的「物質」，連傳統的浮世繪、俳句、造形藝術中給予外國的影響也非常多。這不是短暫時間可以培養出來的，而是長期以來成爲日本人血肉的文化、宗教的心性成爲母體所孕育出來的。

光看「物質」這個硬體面，在今日的世界中，情報、技術、製品絕不允許單一企業或國家獨占，委任無國境的多國籍企業來製造。物質會流入有需要的地方，就好像水，自然的會由高處往低處流一樣，在世界各地流通。

例如噴射機和電腦、牛仔褲及可樂，最初的生產地不管是在哪裡，今天不用特別宣傳也會被世界上的消費者利用。即使強制使用這些東西，恐怕大多數的消費者都不會同意吧。談到「心靈」這個軟體面時，各企業、國家及宗教團體等供給者，依然無法捨棄個人勢力範圍的意識，希望能獨占更多的消費者。

我想不久的將來，基於自由的市場原理，要選擇哪一個企業的製品或國家或宗教，應該是由一般國民自由選擇才對。就好像是日常生活用品，不論是日本製、法國製或台灣製，都應由人民自由選擇，不需要執著於「日本製」的國產品吧！

事實上，日本人的必需品，如味噌、豆腐的原料，大部分都是進口品。日式住宅也使用進口木材。在音樂和繪畫的世界也盛行國際間的交流，但是政治和宗教範圍的交流腳步，則明顯遲緩。

尤其在佛教中，我認爲要讓世界衆人了解「佛教」，了解他的好處，不需宣傳「佛教」，不需融入其組織體內，而是要藉著「佛教」，讓世界衆人了解眞實人生的方式，眞正得到幸福，這樣就夠了。所以，沒有必要去灌輸國人的傳統及生活習慣，只要將我國培養的佛教傳統中，對世人有好處的提供出來，讓人有自由選擇的情報就夠了。

如果這些對世界衆人有意義或價値，那麼他們就會採用，反之則會遭到拒絕。應該由對方自由裁量選擇。即使最早「來自日本」或「佛教的」這種發信地的名稱會消失，但是只要存在著這也是由日本傳來的事實就夠了。

今後的世間，應該不再是特定的個人或企業、國家或宗教對世界和平及文化有所貢獻，而是大家互相依賴，打破狹隘的範圍，追求更高的理想才對。

德國社會科學家馬克斯·威巴在第一次世界大戰時，注意到合理化近代國家群，各自以物象的軍事力量爲背景，相互殺戮，爭奪世界霸權的現象，對近代發展的前途感到不安，而將這個問題的特質在龐大的『宗教社會論集』中發表出來。

書中說明「近代國家、近代科學、近代資本主義等近代文化諸現象的共通特質是什麼呢？就是採取『物象化』的形態進行。這種獨特的合理特質，為什麼只發生在西方文化圈內呢？提出這個問題，並把握住這些特質及發生原因的探討，與其他的文化圈（印度教或佛教、中國或日本）來比較，訴說新教倫理的卓越性。

之後經過了第二次世界大戰，到最近的波斯灣戰爭以及南斯拉夫內戰為止，依然有根深蒂固的不安定要因存在。在政治面上，逐漸成為以美國為主的盎格魯薩克遜流的世界秩序構想。但是在文化及宗教面，還有不斷反彈的回教諸國等，因此，很難判斷今後世界的安定情況。

在這個時候有想要推進世界秩序構想的國家和人，及走相反路線的國家及人，所以必須對唯一絕對之一神教的獨斷和偏見加以反省。我認為我國的佛教者應該要發揮仲介者的作用。但是問題在於我們是否有這些理念及加以實行的自信和勇氣。

文藝評論家加藤周一，在『日本文化的隱形』一書中曾說：「競爭的集團主義、世界觀的此岸性與超越的價值不在，以及成為其時間軸投影的現實主義，和日本社會及其文化特徵互有關連，而具備極端形式主義與極端『情緒』主義兩面的價值體系，決定典型日本人的行動模式。」

如果這是事實的話，那麼日本的價值體系會與盎格魯薩克遜流的競爭個人主義、世界觀的彼岸性與超越價值的尊重，和成爲時間軸投影的未來主義，以及實質主義、客觀主義等價值體系正面對峙，沒有辦法被世界認同爲具有普遍的價值的體系。

根據蓋洛普的調查，一九七九年美國人信賴的機構，第一是教會，第二是銀行，第三是軍人，第四是學校，第五是報紙。一九八八年占第一的仍是教會，第二是軍人，第三是最高法院，第四是學校，第五是銀行，教會依然居首位。但是若在日本做信賴度調查的話，恐怕教會是在低位，最值得信賴的應該是自己和家庭了。

這個證明就是，很多人認爲和尙會「賺錢」，醫師會「算術」，律師會「詭辯」，軍人是「死的商人」，警察及稅務署官員是「狗」，敎師是「草包」，政治家及官僚則是「狐狸」，記者是「瞎起鬨」，銀行員是「老狐狸」，表面及內心都不信賴他人。

對國家的忠誠心，據最近密西根大學對十個國家進行意識調查（在日本是由電通總研及空閒開發中心調查），韓國和波蘭居第一、第二位，而日本則是殿後。信賴政府的日本人只有二八％，宗教團體則爲十一％，與外國人相比，最信賴的只有自己及親人。但是，這些人在萬一有災難發生時，往往將責任轉嫁他人，向國家求救，救濟權利的主張比他人更強。

在這種實情之下，即使特定人物或組織孤軍奮鬥，結果只會因「樹大招風」而折兵損將，徒勞無功而已。對於國家或組織或個人沒有明確的意志決定理念或信念，只是隨波逐流的生活方式，現在還通用，但是等到無法通用的時候，就會互相推諉責任，陷入恐慌狀態。

沒有負責先導工作的人，或是推進輔助工作者的船會浮遊到什麼地方去呢？沒有人會將生命寄託在這艘不可靠的船上。在自由主義的世間，原則上是「不具有自己決定能力的人，會找一個可以倚靠的人」，所以屬於他人依賴型的日本及日本人，置於他國或他人的統治之下，也無話可說。

若說現在的日本及日本人處於危機狀況中並不爲過。不論是生產者或消費者，從事各種職業的人，大家都只考慮到自己的利益，只顧慮到眼前的好處，沒有考慮到共通的國益或公益，這樣的社會和國家會有什麼下場呢？

這是政治家或宗教家或學者必須考慮的事，不要認爲與自己沒有關係。我們必須要更進一步的站在長期的視野上，要正視每一個問題，找出結果來。

我認爲這種想法才是超越人們特殊範圍的佛教生活方式。

五、日本佛教的特質和功過

在日本所進行的佛教活動，簡要敘述包括以國家鎭護及家族制度爲主的祖先崇拜，在個人生活方面則是生意興隆及祈願擊退病魔等。

由於我國的佛教能夠滿足個人的宗教需求，因此其存在價值得到認同，能夠一直存續至今。此外，他國佛教所沒有的，我國佛教才有的特色就是，以宗祖爲主的宗派佛教。

日本的佛教是以訴說宗祖爲主的宗派佛教，而在其開祖、佛祖入滅後經過二千六百年，到了今天，與當時佛祖在世的時代環境不同，以往的佛教無法紮根，因此在日本的土壤形成多樣化的佛教，開花結果。

在宗派佛教的土著及發展的過程當中，進行與日本古來的俗信融合的神佛混淆化，將具有魅力性的個人天啓視爲絕對，崇拜神明，無可否認的，日本獨特的宗教性是已經加味了。將宗祖的言行視爲絕對，崇拜神格化的本尊，而開祖、佛祖則被視爲配角，只要看京都的知恩院、本願寺的祖師堂及釋迦堂的關係就可以了解了。

但是，日本的祖師們就好像天皇一樣，與他國的宗教、政治的權力者不同，對於衆人並沒有獨裁的權力。因此，會被帶著其權威斗笠麾下的人利用，可是卻不會成爲獨裁者、君臨天下。這個傳統一直傳承到今日。所以各宗派的師表人物被尊奉爲統合的象徵，但是成爲領導者的存在感非常淡薄，而各宗派成爲統一見解的領導理念也不明確。

訴說森羅萬象中寄宿佛性與生命的天台宗以後的本覺思想建立了「諸法實相」論，而這個理論和日本自古以來的萬物有靈的傳說互相呼應，因此衆人相信即使不努力，最後亦能得到解救的信仰，也加速了信仰的俗化。

所以目前的現狀就是，雖然日本的佛教土著化、大衆化，相反的，沒有領導者的各種任性的主義主張仍適用到今日。

在戰後，尤其是情報化的世上，價值越來越多樣化，到底我們是依賴何者而生存呢？對於不了解的現狀，我們必須正視才行。如果能有具確信、自信和責任，能導引不安的我們的領導者出現的話，那就如大旱逢甘霖般，一定受人歡迎。

當然，置身於天災、人禍、不景氣及不可知的未來社會中的人們，會期待這麼一個值得信賴的領導者出現。在這種情況下，出現了像希特勒、史達林這種獨裁者，暫時席捲了全世界。

我們常聽說「天才與瘋子只有一線之隔」。所以上述的領導者是獨裁者，同時也是一種精神病患者，看起來像是世上的救星，能善導衆人，因此能受到一些無知的人歡迎，但是走錯一步就如一蓮托生，會使得國家、社會，衆人生活遭遇苦難，面臨毀滅。

昔日的德國心理學家愛倫斯特·克雷其馬就曾說過一句名言：「精神病者經常存在。但是，在和平時代我們鑑定他們，而在動亂時代，則是他們支配我們。」在他們支配之下的國家社會，宛如地獄一般。由希特勒和史達林在歐洲濫殺無辜，強制移民，這點就足以證明。

由不負責任的人所組成的現代社會，經常有出現獨裁者的可能性。

再看看今日我國的政界，沒有政治家的見識。即使面臨到國家存亡的危機，也只考慮到黨利黨的政策或私利私欲。在隨波逐流的政治現狀中，國民期待一位能眞正憂世、憂民的好領導者或獨裁者出現的想法，並不奇怪。但是，夢想終究會破滅，光是口頭上說「我就是救世者」，打著疑似救世者的旗號出現，但是由他的言語行動證明，他實際上只是個騙子。

昔日當東歐社會受到蘇聯社會主義非人類獨裁體制的統治時，加以批判的波蘭思想家克拉里夫斯基說過以下的話，這些話悄悄的流傳在民衆之間。

讓我來告訴各位，什麽是社會主義。

我們昔日所想的社會主義與今日所想的社會主義，完全不同。

那是即使無罪的人，也必須待在家中，等待警官前來的社會。

那是說自己的意見會遭遇不幸，不說自己的意見會得到幸福的社會。

那是一個完全沒有聲音的人才能過好生活的社會。

那是不容許私有生產手段的社會主義國家。

那麽令人憂鬱的社會。差別待遇的體制。

那是國民未說出願望之前，就已知是什麽的國家。

那是即使虐待國民，也不會有罪的國家。

那是都市觀光用地圖成爲國家機密的國家。

那是隨時可以預料到選舉結果的國家。

節錄自『現代世界文學的發現』2「社會主義的苦惱與新生」

由史達林等所建立的這種強制獨裁體制的社會主義，與當初被視爲理想的列寧的想法類似，形成錯誤的黑暗政治，在共產黨的領導下，產生特權與腐敗，使得一般大衆陷入悲慘的生活之中。但是，由於經濟不振和軍事費用增加，使這個體制露出破綻，在一九九一年終於瓦解。結果使得以往從屬於蘇聯的東歐諸國及周邊地區紛紛獨立，俄羅斯在自由主義的波濤之下，國家成了風前殘燭。

對於擁有廣大領土及多民族的國家而言，沒有強而有力的領導者及遠大的國家統一原理，是很難統治的。可是，對我們而言，絕不只是隔岸觀火而已。

在政治的意識形態退潮、政治獨裁者消失的今日，在我國宗教界，人心中仍存有渴望這種強力領導者及領導理念的心情。因此，最近有奧姆眞理敎的麻原彰晃敎祖出現，還有新·新宗敎敎祖中，有些人自稱爲神，認爲「自己是悟道的神」或說「我即是佛」。這種人物輩出，在一連串的動態中鞏固自己的位置。

但是，除了佛敎開祖、佛祖之外，並沒有眞正悟道的成佛者。不按照宇宙的法則而擅自將自己的理論灌輸給別人的作法是錯誤的。佛敎建議按照法則的生活方式，大家必須謙虛的走在「法」的道路上。

在日本的佛教歷史中，稱為宗祖的強力領導者，將其理念以上傳下達的形式傳達出來的是在鎌倉時代前後。之後隨著各宗派的發展，正如德國畫家馬克斯·李貝爾曼所說的「熱情失去後，形式才開始」一樣，教團開始制度化，而其熱情逐漸被後續的新宗教及新·新宗教所取代。如果既成教團的領導者或理念不存在，那麼支持的這些人也就會失去傳道的意願，只能將以往的傳統保持，持續一陣子之後就會像過時的東西般逐漸被淡忘。

儘管如此，日本佛教跟日本文化向來具有密不可分的關係。在六世紀時，由韓國及中國傳到日本，聖德太子將其國教化之後，佛教不只在宗教面、在政治、經濟、教育、文化等方面，對日本的發展都有所貢獻。當然，光是佛教不可能獨自產生貢獻，而是後來，從東亞傳來的儒教及道教，以及近年從歐美傳來的基督教及民主主義等，更高度的文化經常從外國導入，更豐富了日本的文化。

但是不管是任何一種，都不能採用壓倒、席捲的方式來領導日本文化，而是取其優點、去其缺點而形成的。

經常由外攝取異質文化，而與本國既成的文化混合，形成層層共存又互相矛盾的要素，這是世界上所有的國家都不曾有過的例子。就是採取這種柔軟的態度，所以使我國脫離鎖國狀態，提早了國家的近代化，而且達到高度的經濟成長。

因爲日本人具包容性，所以能夠接受佛教，同時佛教對於所到之處的狀況均能適應，具融通無礙的精神，因此才能適應日本的風土和國民性。到底何者爲先，就好像雞與蛋，很難決定，也許是雙方的共振作用使得包容性增大了吧！

總之，歐美各國和阿拉伯諸國的基督教和回教所傳播的地方，因爲奉行絕對一神教的原理，使得所到之處無法與當地的土著宗教、文化妥協融合，甚至遭受徹底鎮壓排除的血腥歷史。在這點上，與和平傳至我國的佛教跟我國的關係是不同的。

基督教（包含猶太教）及回教都是從中東的賽姆族的宗教衍生而來的，在殘酷的自然環境與各民族交流旺盛的土地中栽培出來，在那兒生長的人。爲了能在生存競爭中獲勝，必須基於父性的「個」的原理生存。相反的，在肥沃的自然及適用農耕的土地上誕生的佛教及印度教，爲了與定居的人順利共同生活，因此本身必須基於母性的「場」的原理來發展。

像這樣受到自然風土環境的影響，各區域人們的心性產生差異。關於這點，德國的美學家渥寧格爾及日本的思想家和達哲郎都曾指出過。

關於父性的「個」的原理，就是切斷一切分割機能，由此區分出主體與客體、生與死、美與惡、美與醜等互相對立的要素，取其中一方，捨另外一方。而母性的「場」的原理，則是包含所有的東西，發揮統合機能，不採二元論的立場，承認所有物質的價值，相互原諒，互助合作。

因此，基於前者父性的「個」的原理，在互相切磋琢磨、進步發展的同時，容易產生脫落者和破壞。若基於後者母性的「場」的原理，則會有相互妥協、和平共存，生活不易改善的弊害。當然各有優劣，不能說何者較好。今後的世界仍將秉持這兩大原理，形成兩大潮流，而持續下去。

被日本所接受的佛教，是基於母性的「場」的原理所發展出來的。有時候成為國家權力的手下，有時候要迎合民衆，經過許多紆迴曲折直到今日，脫離了存亡的危機。而現在，日本的佛教在大乘佛教之名下，開祖、佛祖的敎誨及其教團所訂定的戒律和傳統，似是而非，還出現很多佛祖以外的佛、菩薩及大乘經典。

此外，僧侶們只是名義上出家，他們可以吃肉，可以娶妻，戒律有名無實，檀家制度地位鞏固，既成的佛教團體被批評爲已退步成葬禮佛教。

尤其是戰後，隨著日本高度經濟成長的波濤，佛教寺院迅速復興，隨著國民生活水準的提高，國民經濟力富裕，因此婚喪喜慶的虛禮變得更爲奢侈。政府對於宗教法人在稅金上採優惠政策，使其鞏固財政基礎。如果這些方法能夠用在救濟人心的教化面上，則不只是在國內外精神面上，連政治、經濟上也能發揮一大影響力。

但是我認爲，日本的佛教能在戰後迅速復興，並不是因爲他的教義，而是因爲與墓地等的關係，因爲與檀信徒的寺院有關才造成的。也就是說，整個國家經濟上都較戰前更爲復興，因此檀信徒不管喜不喜歡，都會對菩提寺或所信仰的寺院多捐些錢，才不會被地區社會或寺院數落，對個人或家人都能保留面子，保證身分。

這種想法，精神分析學家河合隼雄在其所著的『母性社會的日本病理』一書中稱爲「場的倫理」，並說「在場的倫理中，被趕出場是致命的危機」。因此日本的佛教基於母性的「場」的原理，使大部分產生了加速的影響，這種說法並不誇張。但是，即使到目前爲止，佛教與日本的心性表裡一體，加速其進展，但是培養其心性的文化，不斷遭到否定或革新，這種內藏的批判精神是不可忘記的。

然而到目前爲止，日本的佛教不論是自他，都承認他是日本文化的核心，但是日本文化不等於佛教。佛教有其獨自的教誨及使命，必須要和日本文化畫清界線。

如果政治、經濟和藝術是測量這個國家的人民水準的外在文化，那麼宗教就是內在文化。即使這個國家的代表人物，戴著權威及權力的斗笠，說些不得了的話，但是如果這個國家的國民知識水準低落、治安紊亂，那是不可能受到世人尊敬的。

到目前為止，誇耀繁榮的任何一個國家，歷史可以證明其繁榮都無法永遠持續下去。現在繁榮的國家，也不能保證能一直繁榮下去。榮枯盛衰是世之常情，因此必須不斷謙虛的自我批判現狀，而且要各自努力朝向世界發展，今後我們所要追求的就是這種國家，這種宗教。

今日的日本佛教就其教義面及組織面來看，眞的能有符合這些期待的宗教出現嗎？

遺憾的是現在日本的各佛教團體，會配合其構成成員的需要，各自展開宗教活動，沒有辦法糾合其力量，朝國內外發揮精神的、宗教的影響力。即使領導者再努力，如其言語行爲無法超越構成人員的文化水準以上，則構成人員的日本佛教徒，每一個人都必須要保持能成爲世界典範的生活方式，這樣才能使日本佛教及其領導者得到最高的評價及尊敬。

日本佛教主要宗派自明治以來，當初以日本人的海外移民者爲對象，在外國爲了保持日本的傳統宗教習慣，在中國、北美、南美等地設置開教寺院，戰後對當地人擴大教線。但是除了一部分的新興宗派之外，都無法成功。日本人後裔之間仍是一進一退，保持遲緩的腳步。佛教信徒改宗者只占少數。也就是說，從日本輸出的佛教，雖然當地人在教義面上能了解，但是要遵從日本的習慣到寺院、教會去，是很困難的。

這就好像如果我們想要成爲猶太教徒，雖然他的教義是適合萬人，但是實際上猶太人遵從的民族習慣就成了一道障礙，阻礙我們改宗。

因此，像這樣被過去的民族習慣束縛住的宗教活動，實際上並不存在，大多只不過是個人暫時的信仰活動而已。

今後，日本佛教會以何種形態對世界有所貢獻我不得而知。如果眞要有貢獻，可能如大乘佛教所說的，成爲生命體的世界和自己合而爲一的理念提示，以及將其具體實踐的利他「菩薩行」吧！

今日的世界，一國一教統治的帝國主義和社會主義，已以宇宙的規模來考慮核子管理、環境、資源保全、人口抑制、財富分配的時代到來了。因此，今後將會要求推翻以往支配的力量、財富、效率等強者價值觀的思想及實踐行。

如果日本的各佛教團體及佛教者能順應這種時代的要求，那麼只是集合名詞的日本佛教也能脈脈相傳。

第二章
佛教生活方式的構造

一 佛教的基本原理皈依三寶

三寶觀的成立

佛教所說的「三寶」，就是「佛、法、僧」，對佛教徒而言是萬國共通的最高原理，是皈依的對稱。而三寶觀至今爲止也經過了許多的變遷。目前緊急的課題就是採用何種方法能使其成爲現代倫理規範，活用於日常生活中。

首先來概觀一下「三寶觀」的歷史變遷，然後再來摸索在現代混沌的社會中，使其成爲實踐倫理規範的道路。

佛祖在菩提樹下成道，推行初轉法輪的說法，而直弟子們在皈依佛祖時，尚未有皈依三寶，直弟子們只是遵從佛祖爲師，和佛祖共同實踐轉迷改悟的教誨。

佛祖在世時，其弟子中的一人威卡里臨終時請佛祖到床邊，問了以下的問題：

「我一直希望能待在尊師的身邊，但是我已經沒有能待在尊師身邊的體力了。」

佛祖回答說：

「不要這麼說。事實上我並沒有看到一個即將腐敗的肉身，我所看到的是一個看事物理法（達摩）的人在看我。事實上，看事物理法的人就能看到我。看到我的人就是看到事物的理法。」

佛祖老了以後病重時，對他的至愛弟子亞蘭達說：

「亞蘭達啊，修行僧們對我有何期待呢？我不分裡外，不斷的訴說理法。對於全人（佛）的教誨，我沒有任何隱藏，全都傳給弟子了。而修行僧中有的人認為『我引導修行僧』，有的人認為『修行僧依賴我』。但是致力於修養的人，並沒有『我引導修行僧』或是『修行僧依賴我』的想法。」

佛祖在克西拉那即將臨終時對愛弟子亞蘭達說：

「亞蘭達啊！我也即將老朽，年齡增長、衰老，人生旅途已到老齡。我已是八十歲了，就如同老舊的車子要借助皮帶才能動一樣，恐怕我的身體也已借助皮帶了。但是，努力提升自我的人，心不能只停留在一切的相，藉著部分的感受而毀滅，進入無相的心靈統一時，他的身體可能會健全（舒適）。因此，在這個世間要以自己為島，要依賴自己，不要依賴別人，以法為島，要依賴法，不要依賴其他的東西。」留下遺誡後入滅。

這種「自燈明、法燈明」的精神就是佛祖的眞意。後來到五世紀時，印度的學僧格納巴達拉（求那跋陀羅），在『過去現在因果經』中叙述「佛阿羅漢爲佛寶，四諦的法輪爲法寶，五阿羅漢爲僧寶。世間三寶具足」，佛祖成道後在沙爾那特的五比丘的初轉法輪時是三寶皈依的原點。

在佛祖入滅約百年後，印度史上首度完成統一的孔雀王朝第三代的阿育王發布卡魯卡特·拜拉特詔勅中的刻文寫著「佛、法、僧爲皈依三寶」。在這個時期，佛教徒可能已經皈依「佛、法、僧」三寶。

原本佛並非佛教的獨占物，自古以來在印度被當成「覺醒的人」的意思來使用，與佛教同時代興起的耆那教的最高聖者也稱爲「佛」。但是，自阿育王時代以後，佛漸漸被視爲是理法的體現者佛祖，隨著將其神格化，漸漸出現「佛等於法，法等於僧」的公式。

也就是說在阿育王時代以前，皈依的對象是歷史的實在人物佛祖及其教義和其直弟子們，在阿育王之後，隨著經典及教團的成立，將死去的佛祖尊稱爲「佛」，將其教義文獻化的三藏經典稱爲「法」，而將遵從其教義修行的教團稱爲「僧」，成爲

「現前三寶」，獨自發展。

三寶觀的發展

初期的佛教團體並沒有製作象徵皈依對象佛祖的佛像。當初，弟子們是皈依佛祖的人格，所以不需將其偶像化。

但是佛祖入滅之後，無法直接接觸到他的聲音及姿態的弟子們，對尊師的思慕逐漸加深，所以釀成將佛祖絕對化的想法。可是在阿育王以後一、二世紀時，法佛一致的思想就是認爲佛祖就是眞理（法），演變爲將佛祖神格化。

因此，不管是祭祀佛祖遺骨的塔，佛祖成道處的菩提樹，比喻成說法的法輪，或是印著足跡的佛足石都成了皈依的對象。在印度的巴爾夫特和桑其等地有佛教最古老的塔，上有浮雕佛祖的一代記，但是卻沒有任何佛像。可是，在西元一世紀末時，北印度的甘達拉和中部的馬特拉及南部的亞馬拉威提，各自製作了佛祖像。

這個時候佛教經典已成文化，以記載佛祖金句的原始經典爲基本，其他的經典也都冠上佛說之名。此外，以解釋這些經典爲主的著作也很多，隨著佛教團體的發展，印度各地也開始誦讀經典。

繼阿育王之後，當時在印度西北部擁有勢力的克夏那族平定了從貝那列斯到伊朗的廣大區域，建立了克夏那王朝。到第三世的卡尼西卡即位（一二八年），和阿育王一樣的想要進行以佛教爲根幹的政治。不僅編纂經典，還建了很多佛像、佛塔和寺廟。

佛教團體的中心弟子最初只有男子出家者，稱爲比丘，漸漸的也出現了像嘛哈帕伽帕第的比丘尼，還有像富家子亞薩的優婆塞（在家的男子信者）和優婆夷（女子信者）都增加了，而這四衆構成了佛教團體（僧伽）。而且各自遵守戒律，在家信者將出家者視爲佛祖的代言人，加以尊崇，出家者成爲能化遊行，向所化的在家者說法，後者由托鉢得到施食，雨季時則待在竹林精舍或祇園精舍之類的僧伽藍安居。

後來如那蘭達遺跡般的在廣大地區都建立了伽藍，成爲許多出家者共同修行的聖地。此外，卡尼西卡王時代時，祭祀佛祖遺骨的佛舍利塔在各地被廣爲興建，僧伽藍由在家者捐款興建，由出家者管理、維持，佛塔則由在家者捐獻興建、管理、維持，成爲崇拜的對象物。從這時開始，興起了以在家者爲主的大乘佛教。

由具象化的佛像中看佛，經典中看法，僧伽中見僧，衍生爲將住持三寶當成眼前三寶的替代品而加以尊崇的風氣，部派佛教時代以後，佛教徒之間加深了哲學、信仰的思索，不認為佛、法、僧三寶是個別存在的，原本就是一體的，而產生「一體三寶」的說法。

關於這一點，水野弘元博士說：

「例如，法是由佛發現而加以解說才成為佛的教法，因此佛是依賴法。而佛發現法、悟到法、得法而成佛，則若離開法，佛就不存在。也就是說佛是以法為本質。而僧則是佛的代理者，向民眾說法的人，若將佛與法排除在外，則無法成為僧。相反的，佛與法需借僧來彰顯其價值及意義，有僧方能顯現佛及僧的機能，因此僧與佛與法有著密不可分的關係。」

就在一體的三寶觀成立的時期，也出現了佛的三身說，這點也值得注意。

也就是說，一種說法是認為在西元前三八三年所舉辦的第二次集結時，佛教團體分裂為上座部與大眾部。大眾部不認為佛祖是歷史上真實的人物，而是如超人般的永遠存在，將佛神格化，將其當成救濟王來崇拜。

後續的說法則導入了將這二個佛陀的存在調和的佛的三身說。這種說法被納入大乘佛教中，成立了報身、法身與應身的佛的三位一體說。大乘佛教的三身說是由西元四世紀時的世親及無著等所主張，報身如阿彌陀如來，法身如大日如來，應身如佛祖等，成爲將佛分類的一種經院哲學。

如果將佛的三身說與三寶觀相互對應，則報身佛是佛，法身佛是法，應身佛是僧，若以現代方式來表現，則報身佛是超越神，法身佛是自然神，應身佛是人格神。

此外，報身佛具眞理的機能，法身佛具眞理的本質，應身佛具眞理的形象，表現眞理的三方面，任何一種缺一不可。因此，大乘佛教興起時代的馬鳴，在其所著的『大乘起信論』中，便將眞理分類爲用大（機能）、體大（本質）、相大（形象）這三大（三要素）。

大乘佛教中基於三身說而產生了許多的佛，成爲配角的菩薩爲了解脫、救濟衆人，而準備了各自的佛國土。佛教傳到中國之後，記載著這些佛的經典廣爲流傳，成立了以特定經典爲依歸的宗教，各自談論優劣，進行教判，其中以天台宗的五時八教及眞言宗的顯密二教最爲有名。

這些宗派都強調自宗及自說的正當性，通觀以往的佛教教義，在理論上都將自己的立場定位在最高、最優秀的位置。此外，在中國受到土著宗教儒教及道教的影響，認爲能成佛性質的不只是人類，其他的生物、無生物也都有佛性，這種理論也就是所謂的『大乘起信論』，認爲宇宙中充滿眞理的「山川草木悉皆成佛」的本覺思想，由天台智顗和湛然等人加以倡導。

因爲法身佛的思想已經導入中國，所以這是理所當然的歸著點。基於『法華經』中所闡述的宇宙統一眞理（諸法實相），將具體的現實（事）視爲普遍的眞理（理）。具統一性和具體性，因此是統合了理想與現實的性具說。在天台哲學之後誕生的是由華嚴哲學和賢首法藏所提出的重視統一眞理現實的生成躍動的性起說。

由一理構成的眞理（理想）與多事構成的事象（現實）這點來說，天台哲學是由多到一（多即一）、由事成理，華嚴哲學則是認爲由一到多（一即多）、由理成事。這兩種本覺思想的特徵是把目標指向否定生死、無常的實在現實與其上的無明、煩惱日常現實的出世間道。

在日本，後來由空海和最澄所展開的本覺思想，雖然承襲了中國的思想，認爲眞正絕對的佛是超越了佛與凡夫的相對、對立的佛凡不二境地，凡夫的當相即是佛，已經發展成肯定現實的想法。

這種即身成佛論，從解救衆人脫離迷惘現實的佛教基本思想來看，的確是非常進步的日本思想轉換。

在日本展開的三寶觀

佛教由中國經由朝鮮半島在西元五二二年（欽明天皇十三年）時傳到日本，雖然還不到百年，但在西元六〇四年（推古天皇十二年）時，當時攝政的聖德太子公布以佛教為國教的『十七條憲法』，在第二條中明定「篤敬三寶。三寶指佛法僧」，接著又註釋『法華經』『維摩經』『勝鬘經』成『三經義疏』，希望眾人成徹底了解大乘佛教的精神。

聖德太子主要的目的就是希望藉著萬教歸一的在家主義及標榜女人成佛的一乘佛教，讓眾人能了解到即使在自己以外有更好的宗教、思想，但那只不過是在人類創作下所形成的相對物。世間是虛假的，只有佛才是眞的，直接參拜佛是很重要的。

聖德太子（五七四—六二二）是日本佛教的先驅者，最早採用外來佛教的動機是基於個人篤實的信仰，身為執權者，當時認為有必要統一群雄割據的國內各部族，因此想借著移入高度異質的中國及朝鮮半島的佛教文化來達成目標。因此，三寶觀也是希望利用當時日本所沒有的外來燦爛奪目的金銅佛，或者是住持所憧憬的經典及僧侶所蘊釀出來的威靈，讓住持產生供奉三寶之心，藉此來鎮壓日本的國家。

這位太子的精神由奈良時代的聖武天皇（七〇一—七五六）繼承，推廣具有護國經典性格的『金光明最勝王經』及『仁王經』，同時建立大佛、國分寺、尼寺。這個政教一致的作法到後來明治維新以後，藉著國家神道的國體護持，以及戰後一段時期藉著創價學會的國家戒壇運動嘗試再現，但是無法長久持續下去，中途遭到挫敗。

總之，藉著宗教精神想要實現國土安泰及國民福祉，這些努力和理想在現實上具有將宗教納入政治的危險性，所以今日除回教圈內的一部分國家之外，實現這種神政政治的國家已經很少了。

平安時代的最澄（七六七—八二二）和空海（七七四—八三五）都曾到中國的唐朝留學，學習密教回到日本，各自成爲日本天台宗及眞言宗之祖。至此外來宗教已經傳到國家的上層部，佛教已逐漸在日本具有穩定的地位。

也就是說，鎭護國家的祈禱以及土著的神成爲佛的化身，在佛教中興起神佛習合的山王一實神道及兩部習合神道，重視肯定現世，即身成佛的修行。

尤其是最澄，否定以往僧侶應守的傳統戒律，倡導大乘菩薩戒的圓頓戒，與他國的佛教劃清界線，這個戒就是即使犯了戒律也不定罰則，勸人本著自主良心來做事。也就是，重視的並不是忠實的遵守佛教的救濟原理所給予的規範，而是重視配合各自根機的信行。在這個世間無法得到救濟的人，會和末法思想流行互相結合，藉由咒術和念佛在來世祈求往生。

人類向具有超自然靈力的神佛祈求，同時也製作了許多佛、菩薩像來參拜。尤其是對衆生救濟者阿彌陀如來的信仰特別顯著。衆人越是覺得這個世間的現實黑暗，就會越討厭這塊穢土，欣求淨土的想法就會越高漲。因此，這個時代的後半期，佛教深植於民衆心中，衆人認爲與其在這世間自力成佛，不如依賴阿彌陀如來的他力救濟來成佛。

對於相繼遭遇到戰亂、疫病及飢饉的鎌倉時代的人來說，如何在殘酷的現實中讓物心得到解救是他們最關心的事情。佛教的各祖師遂與衆人呼應，尋求自他共同的救濟方法。

法然上人、親鸞上人、一遍上人等將所有的神佛捨象於阿彌陀如來一佛，尋求救濟，日蓮上人基於『法華經』以歸命於久遠實成的釋迦如來爲宗旨。而道元禪師及榮西禪師則藉著只管打坐超越生死。雖然各自的救濟、解脫方法不同，但其共通點則是捨閉閣拋其他許多的理論和實踐方法，只選擇其中的一種，是比較具體和實際的作法。而在自己所選的一佛中，也包容常住佛、常住法及常住僧，相信一體三寶，開闢救濟萬人之道。

在初期的佛敎團體中其生活倫理是外仰三寶，內體會三學、八聖道，因此在戒、定、慧「三學」的方法論中，實踐「定」是正見、正思。「戒」是正語、正業、正命。「慧」是正精進和正定的思想，而「定」與法、戒與僧、慧與佛對應。

進入大乘佛敎時代之後，利用『般若經』或『法華經』等實行成爲在家者生活倫理的六波羅蜜行。在其中可將智慧、禪定視爲佛，精進、忍辱視爲法，持戒、布施視爲僧，爲了加以實踐，世親說「聞、思、修」。具體提示三寶在日常生活中實踐的方法，藉此佛教徒就能悟道。

但是，法然的淨土敎則一概否定這樣的自力生活倫理。也就是說，即使累積這些修行，也只不過是自我滿足或自我擴大而已，必須要共同的景仰阿彌陀如來的智慧與慈悲，爲了能夠平等的解救所有的人，除了念佛之外別無他法。

法然上人在其所著的『選擇本願念佛集』中有以下的敍述：

「念佛雖易，一切不通。諸行雖難，諸機不通。爲了使一切衆生平等往生，即使捨難取易也難達成本願。若以造像起塔爲本願，則貧窮困乏之類無往生之望。然而富貴者少，卑賤者多。若以智慧高才爲本願，則愚鈍下智者無往生之望。然而智慧者少、愚癡者多。若以他聞多見爲本願，則少聞少見之輩無往生之望。然而多聞者少、少聞者多。若以持戒持律爲本願，則破戒無戒之人無往生之望。然而持戒者少，破戒者多。……以上之諸行等爲本願的話，則得往生者少，不能往生者多。」

因此，若要使衆人皆能往生，皆能得到救濟，就必須斷絕「有朝一日我能成爲智者，或是做學問來念佛之心」，提出「不論是否爲智者都要一心念佛」的說法，認爲對阿彌陀如來的絕對皈依及念佛行是所有人必要、不可或缺的要件。完全否定了我們的智慧與戒律，認爲只要按照佛的本願力就能達成願望。

乍看之下容易被認爲是無知、破戒，易使人墮落的建議，但事實上是推行自力行，認爲不斷努力的人才能最快達到自己無法到達的界限。而一遍在法燈國師處參禪時也說：「無佛無我，只有南無阿彌陀佛聲。」

由此可知在鎌倉時代，各祖師在非常時期一邊與當時的政治權力搏鬥，一邊要保持信仰的純粹性，尋求出世間智，隨著宗教團體擴大發展爲宗派，信仰變爲尖銳化，甚至與政治結社威脅到當時的政治權力，但最後還是被迫屈服，逐漸走向保守化的過程。

進入江戶時代之後，宗教團體完全納入幕府的封建政治機構之中，慶長六年（一六〇一年）到元和元年（一六一五年）所公布的「寺院法度」，規定佛教團體全部都在幕府的統制和保護之下。

後來，除了一部分的日蓮系不受布施派之外，幾乎全都甘於幕府的政策，開始偷懶怠惰，皈依三寶成爲名義化，成爲一種儀式中念的願文。

在這種狀況之下提出淨禪雙修的鈴木正三（一五七九—一六五五）著有『驢鞍橋』，認爲必須把佛法當成世間法，如果不能加以運用發揮，則佛法也不具眞實性。

正三認爲世俗內的各職場都可當成是佛道修行的道場，他是發現在貫徹各自的職業中也能找出佛教生活方式的人。這種職業倫理和近代的勞動精神一脈相通。

也就是說，這和耶穌敎的倫理一樣「因神而富裕，勞動是好事」，把獲得利潤的機會當成是神的神意，尊重倫理光輝給予的禁慾的勞動精神。即使只是在個人的範圍之內謹守職業倫理，但是這對日本近代化的幫助是不容置疑的。

二、三寶觀的現代意義

明治維新使得日本加速國家的近代化，積極導入外來歐美先進諸國的科學技術與文化，在內服從天皇制，允許國家神道的抬頭。結果使得以往在幕府之下怠惰偷懶的佛教團體受到沈痛的打擊，迫切面臨改革。

也就是說，明治政府的廢佛毀釋及信教的自由，剝奪了長久以來佛教的特權。再加上乘著文明開化的波濤湧入的基督教歐美文化大受好評，相對的佛教給予衆人封建宗教的印象，甚至有人認爲以往的東方文化及佛教是落後國家的惡劣象徵。

爲了對抗這些，佛教界也致力於教團及教學的現代化，對於社會福利及教育事業也開始投注心力，但是經歷幾次戰爭之後，其活動卻在國家的統制下變得弱質化。

第二次世界大戰的結果，日本戰敗，國土形同廢墟，在人心混亂之際，由於美國的援助及國民的總意，再加上朝鮮的動亂及越南戰爭特殊景氣的需要，更加速了經濟的復興。人心安定，在一九六〇年代生活水準已經恢復到戰前以上的水準，到了七〇年代以後，人民生活所得甚至凌駕歐美先進國之上，現已由債務國轉爲債權國。而與這種驚人的經濟復興互相呼應的，就是這十幾年來國內外興起探討這些原因的日本人論。認爲眞正的原因應回溯過去，就是日本人的行動原理和勤勞原理。

在短時間內能達到近代化，而且在經濟上能超越歐美先進國家，原因就在於在狹小的島國中幾乎是同一民族、語言及文化均質化的日本人，在國民間資訊的傳達及交流較容易，文盲率較低，對外來的文化、文明較寬容，不斷的受到這些影響而加以選擇、吸收所形成的。

明治維新以前，主要是吸收來自東方的佛教、儒教、道教文化，而在明治維新之後，則開始接納來自西方的基督教及其他的技術、文化，因此被批評爲沒有原理、原則及主體性，集模倣文化的大成。但是這種寬大的度量，是日本人自古以來所孕育出來的心性及大乘佛敎空的精神表現。不過，這種容易與現實妥協，沒有主見的作法很容易受到批評，爲了加以改正，就必須利用普遍的原理三寶。

也就是說，需要的不是「硬體」原理，而是「軟體」原理。應該說一開始就把它視爲一種文明，這種看法比較妥當。此外，不再像昔日帝國一般，擁有以一國一教統一、征服世界的野心，而是能尊重地球上各國及人民各自的立場及文化，致力於共存共榮的重要行動原理。

戰後的日本，由敗戰而復興，這種經驗使日本人能夠虛心的反省過去的失敗，不斷的吸取東西方的智慧與知識，致力於融合、同化，不斷的摸索對今後所形成之新的文化、文明的世界有所貢獻的道路。

佛教界應及早察知經濟復興的副產品是人心頹廢及人類危機的狀況，不應再執著於維持尊重以往傳統習慣的封閉佛教團體，應配合衆人生活的需要，打開佛教之門去摸索與人民生活密切的指導原則及實踐手段的方法。

尤其是現代的佛教者椎尾弁匡師，提倡以佛教精神爲基礎的「共生」運動，認爲世間一切的存在皆有其價值（佛心），能夠共同運用這些價值的世界才是極樂、淨土，在那裡才有佛意，因此他說「心活、身活、事活、物活，衆人皆活才是活的鄉里」。

在那裡有個包含自己，無論是生物、無生物都能生活的世界，所以『阿彌陀經』中所描寫的極樂「白色白光、紅色紅光」是正確的，能夠發揮衆人個性的世界。

宏觀現代宇宙工學的範圍，宇宙的存在是基於相互依存的原理來保持平衡。在微觀的生化學的範圍，各細胞中的病毒必須寄生在他物上，沒有犧牲的話就無法存活。

人類也是同樣的，必須依賴其他的動、植物和氧及光等才能生存，在知道這些事實時，就會察覺到我們這種自我擴大和以人類優先的思想是違反事實的想法，必須互相體貼、互相幫助，藉著同事同情的智慧和慈悲的精神來生存。

我們常夾在人類原有的姿態及自然中人類全體應有的姿態中，努力的朝應有的姿態生存，過著不同於其他動物像人類的生活。而將這兩者加以統合，就是宗教及倫理的任務了。

佛教認為恢復人類原有姿態的人都具有佛性，因此不要去阻礙及排除我們原有的姿態，訴說這種無我的教誨。因此在宗教的、絕對的程度上，我們要歸一佛，在倫理的、相對的程度上，我們要皈依佛法僧三寶，藉此超越自己，才能實際體會出人類存在的意義與價值。

明治時代的小說家夏目漱石，在其所著的『草枕』的開頭也說過，「一邊爬山一邊想。用智慧的話容易碰壁，重人情易隨波逐流。心意不通又覺無趣，這個世界眞的很難居住。」

在這裡把人生比喻為山路，剖析自己的智、情、意，最後發現無法脫離苦惱的人生。解救之道就是雖身在俗世間，卻能進入一個超越俗世的「則天去私」的境地。

以佛教的方式來解釋的話，就是皈依佛的人恢復其原本姿態的自己，就是「則天去私」。若不採行這種作法，以原有的姿態來推進自己的智、情、意，就會有一個難以居住的苦惱人生。

也就是說，太過相信自己的智慧，過於傲慢的話，就會被衆人孤立，但是太過在意別人的想法，陷於人情世故中則容易迷失自己，如果扭曲自然法則，做了不合理的事，最後一定會遭到報應，不管怎麼做都不好。因此，爲了避免這種困難，要向佛的智慧（佛）尋求自己的知性，向佛的慈悲（僧）尋求自己的情緒，向佛意（自然法則性的法）尋求自己的意志。雖然佛法僧的順序不同，但是就是將自己的觀點從自我主義轉移到三寶的方向，藉著這種轉移，一步一步的接近人類原有的姿態，才能夠解脫苦惱，達到安心立命的境地。

今日，圍繞在我們身邊的社會、自然環境不斷的惡化，人類無止盡的慾望若放任不管的話，早晚這個地球上的人類會面臨毀滅的危機，這是大家都知道的事實。因爲人心的頹廢，導致家庭瓦解、犯罪增加，因爲國家、民族和宗教的自私自利，導致對立及戰爭的危機，因爲工業化，導致大氣污染及公害擴大，因爲人口爆增，導致資源枯竭等，悲觀的狀況堆積如山。若要使這些問題一一好轉，那麼我們就必須朝人類共通的悲願復活，在宇宙的視野下大同團結才行。

所以每個人都必須努力，每個國家、民族及企業體都要捨小異，互相協調，邁向根本的解決之路，這才是當務之急。

所以我認爲佛教所說的皈依三寶，不應該只是讓佛教徒在佛教這個宗教範圍中信仰，成爲實踐指標。應該是皈依全體人類的共通指標「全體三寶」。

也就是說，所謂「佛」是各個人爲了尋求自我解脫、救濟而努力去接近理想人類的指標。法則是基於宇宙的法理，爲了讓包含人類在內的地球上的生物、無生物共同甦生，而調整自然環境的指標。僧則是指住在地球上的人們超越政治、經濟的利害，致力於共存共榮，創造和平社會的指標。因此，這裡所指的佛法僧「全體三寶」，不只是佛教徒的指標，更是人類全體的指標。

我認爲個人和自然環境、社會環境關係密切，若不致力於這三者的調和與淨化，則無法達到全體人類的解脫、救濟。

美國的心理學家艾利克．弗洛姆在其所著的『活著』一書中說：

「『佛教』這個字眼，不見得就是指神的概念或與偶像相關連的體系，也不見得就是指宗教意識的體系，應該是團體共有思考與行爲的體系，可提供個人建立方向的範圍及獻身對象的體系。實際上，廣義的解釋應是不論過去或現在或是未來的文化，若沒有宗敎的存在，則不視爲文化。」

他還說：「問題不在於宗敎，而是在於是何種宗敎——是促進人類發達，尤其是促進人類力量的宗敎呢？還是使人類成長痲痺的宗敎呢？」

按照這種說法，所謂「皈依」，應該就是「我們到底是處於何種立場，在何處活著」，他所說的「宗敎」若換成「三寶」，相信大家都能了解其意義了。

我們最早將「皈依全體三寶」視爲是佛敎的獨占物，只允許在這個範圍中思考。但是應該要脫離佛敎、宗敎或意識形態的框框，將其定位爲人類共通的指標才對。不管是信或不信，這將是人類在這個地球上維持生存，不可或缺的選擇道路。

最後我們是否能達到這個人類共通的願望，其中一個要點就是，我們對「全體三寶」是否具熱誠與具體的實踐。

所幸，到目前爲止國人平常經常使用的謙虛話語中，都包含「全體三寶」的心情，統合這些，對所有的事物表示感謝的字眼就是「托您的福」。「對不起」是自己未達人類完美境界時的反省話語。「眞可惜」則是在自然環境中，當事物未能達到物盡其用時的反省話語。而「抱歉」則是在社會環境中，對對方未能保持良好的關係時說的反省話語。

不管目前的現狀如何，要了解生活在現狀中的自己，對所有的一切吐露報恩心情的就是「托您的福」這句話。但是最近，這些話已經失去它原有的意義及價值了。大家自私自利，只考慮到自己，展開行動，結果可能造成殺害自己、殺害他人仍覺若無其事，這的確是很可悲的事情。

以往國人在使用「托您的福」這句話時，是指與個人利益有關時對所有的一切表示感謝的意思，而且是消極的認為這是一種宿命或命運。因此，無法昇華為為全人類進行社會的思考或積極的行動。

第二次世界大戰後，哲學家亞斯巴斯在談到戰爭責任時說「生在現代是一種罪惡」，在我們之中，不知有幾人能自覺到我們在戰後能擁有豐富的生活，是在他人犧牲之下才擁有的。

對自他抱持「對不起」「眞可惜」「抱歉」等自責之念，對自己能活著抱持「托您的福」的感謝之心，這種想法令人存疑。我們今後將抱持「托您的福」之心，把活著當成是一種使命，大家必須互相謙虛，重視所獲得的自他生命，積極的活下去。這種使命感正如歌德所說的「沒有見識的活動最可怕」一樣，絕對不能在錯誤的方向，毫無見識的發揮作用，一定要努力促進衆人的成長才行。

現代是能在世界上自由交換情報的時代，佛祖在世時曾說過，眞理並不是特定宗教或人物的專有物，必須對所有的人開放。最近國際間交流密切，以往孤立化的異文化、異思想間的比較研究盛行，因此迫切需要比較、檢討三寶觀和其他類似概念的異同。

佛、法、僧的三元論比一元論或二元論具安定性，被世界許多宗教、思想體系採納爲象徵概念。例如，在基督教中世紀的經院哲學產生神的三位一體說，認爲主神耶和華、聖靈、子神耶穌是三位一體，這種思想的確耐人尋味。

當然佛基二教的起源及歷史背景不同，若將其類似的思想視爲是相同的，是很危險的想法。基督教將神人同一化，視爲是神祕思想，視爲是異端。而佛教則強調佛的內在化，認爲佛跟凡夫是相對的，同時也是相即的。此外，儒教則訴說天、地、人三體的調和，孟子說：「天時不如地利，地利不如人和。」在和合時才會發現宇宙的秩序，這與佛教的三寶觀類似。

在此將「佛」的概念與倫理學上的命題「善」的概念加以比較一番。教育學家村井實說：「爲了要成立善這種判斷，基本上應以相互性、無矛盾性、效用性這三大要求的功能爲前提來考量。」還說：「能滿足這三大要求的要求，事實上我們不得不承認它的確是存在的。」我們來揭示對「美」的要求當成是承認的根據吧！將比重置於「相互性」所成立的判斷道德色彩較濃，以「無矛盾性」來看是理論的，以「效用性」來看是實用的，所以「美」展現藝術的特色。

若將村井的說法和三寶觀來比較，則相互性符合「僧」、無矛盾性符合「法」、效用性符合「佛」的世間智，對美的要求就是出世間智。

但是，這種善、眞、利、美等哲學上的分類論，已經由德國新康德學派的溫笛兒邦特等人提出，並不是什麼新思想了。問題在於我們如何在自己的體驗中加以實現，或者是將其當成實踐倫理的命題來接受，而現代的佛教者又如何在佛教的傳統範圍中將其表現出來，也是一大問題。

在世間智（倫理的程度）方面，三寶就好像是正三角形的三個角，而出世間智（宗教的程度）中的三寶，若以圖形表示，就好像是統合世間智三寶的三角錐的頂點。

自己位於正三角形的中心，皈依各三角點的三寶時，要求相對的、倫理的實踐，原本的自我抬頭仰望在頂點的三寶（本來的自己），凝視自己的內在時，要求絕對的、宗教的實踐。

天台智顗在『四弘誓願』中說「佛道無上，誓願成」，意思是指要面對「佛寶」，而「法門無量，誓願學」，是指要面對「法寶」，「衆生無邊，誓願要度衆生」，是指要面對「僧寶」，皈依三寶三方面的主體自己則是「煩惱無盡，誓願斷」，藉著凝視自己，使得在頂點三寶的本來的自己與我們一體化。

因此「三寶觀」從「現前的三寶」經過「住持的三寶」成爲「一體的三寶」，有過這段的歷史演變，而今後這個「全體的三寶」如何在現代社會中具體化，成爲人類救濟的指導原理，發揮其特質，就看佛教者如何去實踐了。

我們以佛教最高原理「三寶」爲指標，而自己的身心也必須不斷精進努力才行。不只是我們，更不論是東西方，我們有義務向世界衆人傳達，加以弘揚。

西元前十世紀，以色列的所羅門王就曾說過「無夢則人民毀滅」，希臘思想家柏拉圖也說「努力到達善的境地才有眞正的幸福」。此外，俄羅斯的小說家托思妥耶夫斯基也說過「幸福是在生活中不斷永遠的探求所得到，並不是突然發現的」，英國的經濟學家馬歇爾也提出警告說「個人、家族、企業和國家，若不能不斷的設立困難的建設目標去創造努力，只會造成精神上的墮落」。

佛教的佛祖在入滅之際對弟子們留下「汝要精進，不可放逸」的遺誡，原始佛教團體在八正道中舉出「正精進」，大乘佛教藉六波羅蜜說「精進」，許多經典中都勸人要精進、努力。

淨土眞宗之祖親鸞上人捨棄自力精進行，藉著阿彌陀如來的本願進行絕對他力的救濟，這是宗教程度上的信仰告白，也不是否定精進。如果精進不能用在報恩感謝的念佛中，恐有陷入精神至上主義的危險性。

法然上人對此重視信行一致的念佛，說：「佛者累積念佛的功積，死後就能到達淨土。」建議衆人要經常念佛，與佛接近。

承繼這種精神的椎尾弁匡師說：「時間是現在，地點是你腳踏之地，面對的生命是你自己。」對皈依三寶則以簡潔的「開朗、正確、友好」來表現。

生存在佛象中的我們，對此要心存感謝，要帶著希望以自己應有的姿態爲目標，在這世間該做之事，我們都應共同努力去完成。

三、般若心經之心

在我國最爲人所熟知的經，要算是『般若心經』了。除了淨土眞宗及日蓮宗之外，很多宗教的儀式和修行都會抄寫或吟誦『般若心經』。只有二百六十二個字的短經，很容易記住。

爲什麼這個經會被視爲重寶呢？因爲在這個短短的經文中，隱藏著大乘佛教裡所說的世間眞理，大家相信只要閱讀這則經文，自然就能體會眞理。

這則經是長達六百卷的『大般若經』的一部分，也是因『西遊記』而非常有名的中國玄奘在六四九年由梵語翻譯過來的經文。

要掌握這麼龐大經文的內容很花時間，沒有辦法一口氣讀完，因此以前在我國就有所謂的「般若風」，也就是將六百卷的『大般若經』由僧侶在儀式時，每卷都拿出翻閱，同時念到「大般若波羅蜜多經卷第〇大唐三藏法師玄奘奉詔譯」，最後一句念「降伏一切大魔最勝成就！」後就進行跳讀。據說這時若被翻閱經文的風吹到，一年到頭都不會傷風感冒。

總之，日本人不喜歡閱讀大量的經文，所以像內容精簡的『般若心經』較受人歡迎。『般若心經』的標題是「佛說摩訶般若波羅蜜多心經」，意思是「能了解佛所說的最完美眞髓的經」。

本文就是觀自在菩薩對弟子舍利弗說明悟道的內容。這裡所說的「觀自在菩薩」就是我們所稱的「觀音」或「觀音菩薩」，慈悲爲懷的佛指導直弟子舍利弗「悟道的眞髓」。觀音菩薩到底是何方人士呢？也許有的人不認識他。

除了佛教的開祖、佛祖是實際存在於歷史上的人物之外，其他的人或事物都被視爲是以慈悲之心解救我們的存在，這些全都將其視爲「觀音菩薩」。

這裡所登場的觀自在菩薩與舍利弗的關係，就好像是解救者與被解救者，以應答的方式來訴說悟道的內容。也就是說，能夠自由觀察世間一切的觀自在菩薩，將自己在修行之後超越一切的苦所得到的體驗內容向舍利弗說明。

他認爲構成世間的一切都是「空」。「空」並非什麼都沒有。就好像能量一般，肉眼是看不到的，但少了它，世間一切就都無法構成。

這個內容很難用言語表現出來，如果勉強要說的話就是「這也是、那也是」的肯定，與「這也不是、那也不是」的否定語。

前半是「色不異空，空不異色，色即是空，空即是色」的肯定表現，也就是說，由類似能量的東西（空）構成物質（色），而由物質（色）構成了類似能量的東西（空），因此，空即是色。但是，空和色又不是完全相同的。

例如，構成人類的是肉體和精神，光是肉體不能算是構成人類的要素。因此，人類的精神內容「受想行識」等感覺、表象、意志或認識，同樣的若各自獨立，就不能稱爲是人類。以空的立場而言，人類無眼、無耳、無舌、無身體、無心、無形、無聲、無香、無味、無接觸的對象、無心的對象。也就是說，自己或認爲是自己的身體並不是實體，自體並不存在。要藉著與所有事物互相擁有的依賴關係才能存在，才能互相生存下去。

原本並非實體的我卻能活下來，爲什麼我們要遍嘗各種的苦呢？

通常我們最愛的是自己，以自我意識爲主而生存。因此，當世上或他人與自己想法不通時，或對自己造成損失時就會感到不滿，湧現苦惱。但是世界並非都照著自己的方便或打算形成的，是依循更大的宇宙自然的功能而運轉的。

我們不知這些事實，只是以自私的、任性的狗屁道理來維繫我們的生存，所以我們必須自覺到因自己的壞習慣所造成的妄想，要能發現眞正世間的實體（空），因體會到實體而解脫苦惱。

此外經文中也說，明白了「空」這個世間的實體之後，就能捨棄束縛，領悟到自己的心、身體與物一切都是互有關係而成立的，藉著自己立於空的境地，而能夠超越苦難的人生，得到解救。

也就是說，我們從早到晚以自我爲主，一直都在懊惱、慾望、憎恨、可愛等私心下生存。但是如果能在更廣、更大、更深的立場來凝視自己，了解到眞正的自我具有慈悲的佛心，領悟到空，就能成爲如觀音般的菩薩，得到解救。

當到達這種狀態時，就不會有任何的恐懼，就好像「遠離一切顚倒夢想，究竟涅槃」一樣。我們能夠遠離虛僞的妄想，達到完全悟道的境地，其他的過去、現在、未來的佛們，也能藉著這些悟道的眞理，而得到無上正等正覺的悟道。

因此，悟道的完成就是偉大的眞言（大神咒），明白的眞言（大明咒），無與倫比的眞言（無上咒），藉著體會這些至高無上的眞言，就能超越所有的痛苦，而了解到眞實無虛妄。

通常我們所說的「咒」是指「咒語」或是「咒術」，希望藉著發出這些話語就能殺掉怨恨的對手，但原本不是這個意思，而是對神或佛等絕對者祈願的話語。也就是說，當我們對神佛發誓「自己一定要達成這個願望」祈願時所發出的話語，而朝向悟道的完成所念的「咒」，就是「揭諦、揭諦、波羅揭諦、波羅僧揭諦、菩提薩婆訶」，結束經文。

這些咒文的意思以前根本不能翻譯，只是用梵語的發音寫出來。若一定要用現代語直譯，意思就是「往者，往者，往彼岸者，要往彼岸者，悟道，得到幸福」。

關於這個境地，詩人島木赤彥在『掘土』詩中有以下的表現：

掘土　掘土

掘一尺　明一尺

掘二尺　明二尺

不可思議

掘土明白我們從何而生

從我們的鐵鍬尖而生

不可思議

出汗掘土吧　一心掘土吧

佛教強調精進努力，這也是佛祖所說「八正道」，八個正確實踐德目之一。也就是說「正精進」就是朝向正確的悟道之路不斷努力的意思。

武者小路實篤曾說：「學習、學習、學習，只有學習才能產生奇蹟。」我們一生都必須持續不斷的努力。但是，就如德川家康所說的「就像背負重擔走遠路一樣」，只要持續努力絕對不是浪費。

目標指向彼岸的悟道境地，在遇到「不知如何是好」的自己的界限狀況，徘徊在生死邊緣時，必須靠自己的力量到達最後沒有辦法生存下去的境地。以自己的力量而形成「沒辦法了」無條件投降時，就會感覺到一種解救脆弱自己的存在。

鎌倉時代的道元禪師將這種境地稱爲「在生死中，覺得自己活在佛的生命中，已經無生死了」。也就是說，把自己投入佛的生命中就不會有任何的恐懼。不管別人是否認同，只要努力，使佛微笑就可以了。我們如果能仔細閱讀『般若心經』，了解其內容，實踐其教誨，自然不會走錯路，不會受到束縛，能夠展開一個無拘無束的自由人生，保證一定能得到悟道這個「幸福的智慧」。

四、佛教的地獄與極樂

紀元前五世紀誕生於印度的佛教，是從開祖的佛祖不滿意這個世間的現實而出家悟道，成爲佛陀而開始的，同時得到跟隨者廣大的信奉。其教誨是「厭離穢土，欣求淨土」，意思是脫離苦難、污穢的世界（此岸），到達乾淨、悟道的世界，也就是另一個世界（彼岸）。佛教徒一向以字句來解釋，認爲那個世界就是死後的世界，死了之後就能成「佛」，能夠往生到一個沒有苦難的安樂世界（極樂淨土）。

當人們處在時代轉換朝時，在現實的世界中嘗到痛苦，肉體及精神都陷於不安與恐懼之中，在這種狀態下產生想要逃離苦難，重新轉世到安樂世界的渴望。基於這些需要，保證人們在物心兩方面都能得到救濟的淨土教，成爲民衆之間所追求的素地。

淨土教原本是誕生於中國的大乘佛教，是在印度產生發展的佛教，改變爲適合中國土壤的佛教。也就是說，以往的佛教是以出家者爲主體，戒律甚嚴，對在家者而言，要實踐其教義非常困難。但是中國的善導，將這種以自力悟道的教誨做了一百八十度的轉變，認爲只要相信阿彌陀佛這種智慧與慈悲的象徵佛的本願，藉著念佛就能得到救濟、訴說他力的信心。這個淨土教在平安時代傳到日本，由源信等人加以弘揚，主要是強調觀想阿彌陀佛的世界。

源信所寫的『往生要集』中，首先有關於「地獄」的描寫，寫實的描繪出殘酷的地獄，並談及衆人往來於「地獄、餓鬼、畜生、修羅、人間、天上」六道（界）的現實，同時並訴說其中的人間界，應該要觀想不淨、苦、無常的世界。

其次是有關「極樂」的描寫，認爲爲了往生到該處，應該要「禮拜、讚嘆、作願、觀察、迴向」。

但是，以這種方式觀想「地獄」與「極樂」，算是一種自力精神主義，並非隨時隨地，任何人皆能達成。因此，從平安時代末期到鎌倉時代，出現了法然上人、親鸞上人及一遍上人，超越了「觀想念佛」，而訴說了任何人皆能實踐的「唱名念佛」之道。

也就是說，只要一心念「南無阿彌陀佛」，身心即能得到解救。最早並沒有解救佛與被解救者的區別，當佛凡如一時，就會出現得到解救的「淨土」世界。這就好像耶穌基督的弟子保羅所說的「我們不能自己活著，而是神讓我們活著」的境地一樣。

對於到達這個境地的人而言，不論在這個世間或是那個世間，都不存在著地獄與極樂的世界，只是與佛爲一體，隨時隨地都能過著感謝、報恩的生活。就如同同一時期鎌倉時代的道元禪師所說的「春爲花、夏爲杜鵑、秋爲月、冬爲雪」一樣，就是一個超越現實之後再回到現實的絕對肯定立場。

不論古今中外，死對於人類而言，是無法逃避的事實。當面對死亡時，要如何去克服對死的不安及痛苦這個切實的問題，許多宗教都提出了各種解決的方法。

佛教也把死後想像爲地獄、極樂的世界，生前若不信佛、積惡業，死後就會下地獄，若對佛有信心，累積善行，則就能轉世到達極樂世界，這種因果及輪迴轉世的教誨，可以在道德上善導衆人。不過，今日相信如文字所述的死後世界的人已經很少了。

對現代人而言，與其說死後的世界，還不如關心在面對死亡時如何安樂的死去。但是，一般所說的「地獄、極樂」，並不是想到來世的世界，而是想到在這個世間現實中痛苦的世界就是地獄，安樂的世界就是極樂。的確，享受優渥的物質，品嘗快樂之最，也可說是這個世界的極樂，但是這種狀態並不會一直持續下去。事實上我們在生前就已經往來於地獄界到天上界的六道中。

浸身於該處，過著又哭又笑的生活，一生都不知什麼叫眞正的人生，到死亡的終點站時卻曝屍荒野。爲了避免這種情形，所以，我們一定要知道什麼是「地獄、極樂」。

前述的源信也仔細的思索過這個問題，於是寫下『往生要集』，想要以理論證明地獄和極樂的存在。但是實踐派的「二十五三昧會」念佛結社，在比叡山設立，像是爲了彌補他的理論，實踐「臨終往生」的作法。就是讓臨終前的病人，躺在特別安排的佛間，照顧者伴在一旁、不斷念佛、等待阿彌陀佛來迎接的實踐方法。在這樣的氣氛中，迎向死期的病人能夠安詳的走完人生之路。這也算是一種安樂死。

今日迎向死期的病人，大多乏人照顧，在醫院孤獨的死去。這種死法眞能令人滿足嗎？我認爲是需要再檢討了。

地獄與極樂是存在心中，因個人的心態而使得人生變黑暗或光明。自然和人類會不斷的產生變化，因此，佛的世界明天也可能產生變化。所以要朝向明日，堅強的活下去。

五、佛教在現代思潮中的立場

迎向戰後五十年

東西冷戰構造解體，世界和平應該要到來。但是世界各地連續發生內亂、示威事件，日本自民黨的長期執政也瓦解，產生聯合政權，迎向戰後五十年。到目前爲止的高度經濟成長也開始瓦解，呈現不景氣的現象。再加上地震、水災等天災地變也相繼在各地發生，最近，社會各階層也產生地殼變動的現象。

不能將這些視爲是別人的事或是天災人禍，自己只在旁觀看而已。到這種地步，政治、經濟泡沫破滅，生活上所有方面都迫使我們的想法、生活方式構造改變。也就是說，以往政官業界成一體，由供給者主導的封閉性集團社會構造已經露出破綻，已經不見容於國際社會。

事已至此，我國應由產業優先、保護供給者，轉變成消費者優先的保護需要者的體制才行。來自歐美各國，一連串的市場開放和規則緩和的要求就是這種表現。

現在我國的經濟要成長爲無限大已經成爲夢想了，國民的生活也不能在終身雇用制及注重年資的薪資制中獲得保證。在家庭生活方面，也出現「父母有照顧養育子女的義務，而子女卻沒有照顧父母的必要」這種傳統家庭主義瓦解的現象。

改革的時代

一些有心的政界、財界的人或是教育家、宗教家或評論家等居於世間領導立場的人，對於這些狀況，紛紛躍起，希望找出根本的解決之道。但是，即使在這世上有堆積如山的痛苦，遮住了我們的未來，但是我們卻不能放棄，也無處可逃。然而，想在以往的政治、經濟、社會構造的範疇之下去改革，破綻及紛爭紛紛出現，到底無法解決。因此在這轉換期中，被要求在與以往完全不同的嶄新遠景之下建立組織。

這種動向在世界各國，以及我國的政官業界、一般社會中持續存在。也就是從統一或統合到分解、分極化，從均質或均等到多種、多樣化，從統制或規制到開放、自由化的動向。

這個變化非常快，在我國長期近代化中不可或缺的金融、產業、教育、文化到所有的企業體，政府主導的封閉主義的供給者保護育成制度遭受打擊，而政官界與業界的直線權力構造的強化，形成糾纏不清的關係，以及大企業系列化的問題，造成以往厚重長大的企業體質，必須褪變爲輕薄短小的企業體質。

一般社會也因都市化及工業化等因素，使傳統家族制度瓦解形成小家庭化，因教育及情報等智慧產業的發達，使得老、少及男女關係完全逆轉。這種以下克上的地區變化，已經滲透到一般大衆之間。

宗教的任務

宗教界也不例外。宗教原本是勸導衆人要尊重包括人類在內的世間所有生物的生命，大家互相體貼照顧。

「宗教」這個詞是佛教語，原本是由「宗」與「教」構成的。也就是說世間有許多的教誨，其根源則是來自一個宗。而宗教是許多歷史的宗教或超越宗派的人最後的皈依處。

但是曲解其原意的日本政府，對於國民對生命的敬畏之念及相互之間的謙虛，認爲是一種迷信、俗說而一腳踢開，希望能培養出與宗教沒有任何關係的非宗教的、唯物的人類。以知識分子而言，沒有宗教心才是一種驕傲，而篤信宗教的人被嘲笑是無知蒙昧或非科學的人，對他們敬而遠之。

戰後新憲法實施「政教分離政策」，不僅是成爲所有「教誨」的宗教，甚至成爲「宗」的宗教也都從公共或教育場所中排除。結果造成國家近代化，國民努力從事生產，我國達到高度的經濟成長，但是卻被外國冠上「經濟動物」的頭銜，受到金權體質的污染。

宗教界，尤其是既成的佛教團體，安於歷史的傳統及習慣，讓人覺得好像只是執行婚喪喜慶的儀式或是進行伽藍、墓地的管理維持而已。光是這樣是無法掌握人心的。甚至有的人認爲是基於情意才不得不參加宗教習慣，其實內心感到非常厭煩。

爲了塡補這個眞空地帶，所以新興宗教輩出，有時甚至利用一些可議的宗教行爲迫使人改宗。而有的則是宗教團體本身企業化，企業體本身宗教團體化，都是爲了賺錢而展開活動。

如此一來，就不知爲何要從事宗教活動了。在這種令人感到憂心的社會狀況中，佛教團體興起了必須從佛祖的時代，當時傳統社會的政治、經濟、宗教的桎梏中開放的改革運動。但是，當這些宗教團體擴大，既成化在各地土著化之後，昔日的改革運動的熱情開始消失，變成附和國家或人心的保守化體制。

在日本的佛教團體與江戶時代德川幕府的鎖國政策同調，成立了寺請制度及檀家制度以後經濟穩定。再加上受到明治維新廢佛毀釋的打壓，以及第二次世界大戰結束之前向日本帝國主義犧牲奉獻，使得衆人的宗教心在這樣的國家體制下萎縮。

這個結果造成今日的日本人，對冠以宗教之名的事物都有旁觀的、反抗的、同調的、盲信的任何一種偏向態度。而戰後，政府以新憲法的「政教分離」條款為盾牌，否定以往的宗教習慣，鼓勵個人主義，形成了甚至否定宗教心的無責任、無感動、無關心的三無主義的國民。

在戰後的復興及高度經濟成長的波濤翻弄之下，這些缺點暫時被忘卻，但是隨著最近泡沫經濟的瓦解，又開始呈現偏差的狀態。我國是世界少數的債權國，國民所得很高，但現在才察覺社會資本及個人生活貧乏，因此現在可以說是反省以往的日本人公司，或是對團體或家族的獻身以及勤勉、自我犧牲的好時機了。

皈依三寶

因此，許多的財政界人士、學者、宗教家和評論家等開始摸索再建日本的對策。

但是，即使使用再多的美辭佳句，如果沒有實行的具體方案或好的結果，那就好像是畫餅充飢一樣。佛教團體沒有辦法再安居在以往的傳統習慣及行動，要求根本的改革。

首先爲了改變我們無我的、形式的、封閉的心情，以及無責任、無感動、無關心的態度，現在應該是採取主體的、實質的、共生的生活方式的時期了。事實上這三種德目的生活方式，自古就是以佛教徒最高原理的「皈依佛法僧三寶」的形式留傳下來，在日常中實踐的。也就是說：

所謂的「皈依佛」，就是對自己忠實的主體生活方式，

所謂的「皈依法」，就是符合宇宙理法確實而實質的生活方式，

所謂的「皈依僧」，就是致力於大家的共存共榮，誠實共生的生活方式。

如果希望今後能擁有自信與驕傲，走向光輝燦爛的人生，就必須要再認識實行「皈依三寶」的生活方式。

佛教的生活方式

這種佛教的生活方式並不困難。

我們每個人都具有自己的味道，一生之中若不能使「生命之花」綻放，那麼活在這世上就沒有任何的意義。但是，有人終其一生都察覺不到生命的意義到底是什麼？眞是可惜啊！所謂「生命之花」，佛教稱爲「佛性」，要使花盛開就必須「念佛」。

不管別人是否看到，但是要使這個「佛性」覺醒，花朵盛開，就必須珍視只有一次的自己的人生。但是絕對不要焦躁，只有努力使「生命之花」盛開，那麼所有的一切都會微笑。

即使想要改革與衆人生活表層部分相關的政治制度及經濟機構，但是如果位於生活基層部分的「心靈」缺乏幹勁，恐怕改革只會中途而廢，遭遇挫折。無論是政治家、企業家或教育家，我們每一個人都應掌握「本心」，努力加以培養才行。

奇怪的日本教育

每個人都疼愛自己的孩子，不惜任何的犧牲，哪怕是千金散盡也要盡力養育孩子。尤其對母親而言，懷胎十月生下的孩子，就好像是自己的分身，這種愛情的程度，是父親無法比擬的。

在這一點上，父親是無責任的，所以在外忙於工作，以工作爲由，將家中所有的事及育兒的工作全交給母親，自己只要忙著賺取生活費就沒事了。母親本身也覺得這樣很快樂，因爲丈夫偶而休假在家時，還要像照顧小孩般的忙丈夫的事，所以有些做妻子的會寧願「老公，還是不要在家較好」。

最近隨著文明開化，一般家庭的工作如裁縫、教養、煮飯、洗衣、打掃等都簡化。雖然現在是孩子少的時代，但是養兒育女的辛苦，對母親的肉體和精神都是無法形容的。然而期待「孩子能四肢健全、健康活潑」「能出人頭地，建立好的家庭」等等，這些都會隨著孩子的成長而不斷的膨脹，雖然嘴裡不說，但是還是有人抱著「能繼承先祖代代的香火」或是「盡可能的照顧老後的自己」的希望。

雖然這不能算是養育的代價，但是爲人父母者心中都會暗自有這種願望。可是，與父母的願望相反的，則是有些孩子長大之後不但違背父母的期待，還讓父母傷心。爲人父母的，這時候才沈痛的自我反省「自己到底爲什麼要養兒育女」。

最近父母的平均壽命延長，形成高齡社會，所以已經不再是「子欲養而親不待」的時代，而是「不想盡孝，但父母卻還健在」，做得不好，父母反被子女視爲麻煩，父母死後不但不會感到悲傷，反而暗自竊喜的例子時有所聞。

子女對父母如此殘忍，等到有一天自己的子女長大，自己爲人父母時也會受到同樣的報應。自己對父母不孝，等到自己爲人父母時，當然也不會受到子女的盡孝。

子女不僅承襲了父母遺傳的性格，同時成長時也受到父母的生活方式，以及周圍環境的強烈影響，小的時候父母若對小孩太過保護或寵愛，或是使其成爲匙鑰兒放任不管，在沒有父母的愛之下成長，小孩的教養全都交給托兒所、幼稚園或小學老師去做，到時候一定會有遭到報應的後遺症出現。

有句俗話說「三歲兒能知百歲魂」。就是說我們的性格大抵在幼小時即已形成，如果自己的堅強意志或環境沒有突然的改變，那麼性格就會一直延續到長大成人。如果這是事實，那麼父母對子女最重要的教養，就是在堅定的信念之下，多花一點時間和小孩子接觸。父母不能將教育小孩的責任轉嫁給社會及學校，在責問小孩之前，應先捫心自問「自己的生活方式是否健全」，若不能以身作則，那麼小孩就沒有效法的對象了。

一九九三年總理府所做的『有關青少年與家庭的輿論調查』中發現，擁有十八歲以下小孩的父母中，有近二成的父母對於「子女沒有養成基本的生活習慣」而感到不安，而回答「最近家庭中的教養等教育力降低」的人達七五%。其理由是「過度保護與過度寵愛的父母增加」或是「對教養或教育不關心的父母增加」或是「過度依賴學校或補習班等外部教育機構的教養或教育」等等，主要的原因都在於父母這一方。

我國以往是大家族制的時代，大都是三代同堂，生活在同一個屋簷下，祖父母擁有絕對的權威，父母以承襲先祖代代留傳下來的家訓來教導子女，父傳子、子傳孫，代代相傳。當然，這是因襲過去的一種強制行爲，封建色彩濃厚。但是，也不能全部否定它，有很多教訓至今都仍適用。

然而，在戰後這一切都被視爲是非民主的權威主義，受到責難、嫌棄，在民主主義之名下，許多人都主張尊重人權及言論自由，否認父母的權威。父母對於養育子女缺乏自信，茫然不知該如何才好。老師則成了販賣知識的勞動者，自己放棄身爲教育者的使命，小孩處在這個眞空地帶，任意而爲，沒有人會去糾正他們，即使有，也無能爲力。

後來我國進入高度經濟成長期，形成金錢、物質、知識及技術萬能的時代，父母們心中認爲「自己以往的不便及辛苦，不希望子女們再嘗到」，因此拚命工作，希望能讓子女過舒適生活。結果在物質生活上的確是豐裕多了，但是卻因此而失去了與子女共處的時間。

在這段期間內，面臨升學壓力的子女們，可能會被迫去進行偏差本位的學習，或是墮落成爲不良少年。家庭中家人不和的現象陸續出現，老人被趕走，夫妻離婚、分居等，加速了家族制度的瓦解。今天即使國民一人的平均所得高居世界第一，但是，到底是爲了什麼原因的高度成長呢？答案就不得而知了。

最近景氣低迷，移到低成長時代，終於能夠開始反省自己，如果不重視物質，而重心靈的生活，相信大家都會贊同。但是在現在這個時代，很多父母都吐露出「不知該如何教育自己的孩子」的心聲。

這並不是困難的事。也就是父母本身首先應將以往想要排擠他人，使自己或自己的小孩得到利益，或是出人頭地，成功的自我本位的想法改變，轉變爲考慮到周圍的人，致力於共存共榮的思考方向。

如此一來，就能有體貼他人的優點，不去麻煩到周圍的人，這種心情也能傳達給周圍的人，讓他們了解。

在美國因爲個人主義太過盛行，昔日規律傳統的基督教規範沒有人遵守，因此大人、小孩犯罪頻傳，對家庭瓦解、教育水準低下等的憂心與日俱增。

有鑑於此，羅伯特·弗爾加姆在他最近的暢銷書『人生必要的智慧全都在幼稚園中學到』中曾經說過，人該如何活著，該展現哪些行動，該以什麼樣的心情過日子，眞的非知不可的事，我在幼稚園時全都學到了。

也就是說，凡事都要和大家分享；不欺侮他人、不要詐；用過的東西要歸還原處；散落一地的東西要自己收拾；不隨便拿別人的東西；弄傷他人，一定要道歉等。

我們是否能向周圍的人建議，前記的二位先生所述的生活方式呢？

即使我們在世間成爲有名、有錢、有地位的人，但是如果不能展現人類最基本的想法及行動，就不會受人尊敬，也不值得尊敬。然而，以往的教育卻是教導大人和小孩，若不能成爲這樣的人，則人就沒有價值。

父母將子女視爲自己的所有物，如果照著父母的期待來做，父母就會高興。事實上，將照顧老後的父母認爲是子女應盡的義務，這個想法本身就很可笑。父母生下小孩，有養育子女長大成人的義務與責任，但是所謂的孝順，是只要子女能懂事，對父母露出天眞爛漫的笑容就足夠了。其他的事情都不需要求。

做父母的應該要覺悟到，子女長大之後就會離開自己，而且學歷、知識水準越高的，越不可能留在父母身邊。但是世間卻忽視了子女的才能及性格。爲了滿足父母的虛榮心，讓小孩上一流的學校，進一流的公司任職，這樣的父母不在少數。

當然，父母希望子女出人頭地這也是人之常情，但是這種期待過於強烈時會對子女造成負擔，當子女無法達到父母的期待之時，就可能對父母或世人起反抗之心。最近發生孩子殺父母的事件就是最好的例子。

父母對子女的情愛是不求回報的，不應指望子女。而子女長大成人之後也不應指望父母。現在正是我們該認眞的考慮一下「該給子女眞正的教育和教養是什麼」的時候了。

無悔的人生

室町時代的禪僧一休禪師曾經歌詠「正月是冥土之旅的一里塚，值得恭禧亦不值得恭禧」，意思是說到正月時大家又都添了一歲，但也是又接近死神一步了。但是我們通常都只記得「活著時候的樣子」，根本沒有察覺到死亡隨時都在眼前。但是一旦壽命結束，面對死亡這個事實時，就好像蜀山人的狂歌一樣：

到昨天爲止都認爲是他人之事，我對死亡這個傢伙眞是無法忍受

等到事到臨頭，慌了手腳，一切都已後悔莫及。死亡與年齡無關，隨時都可能到

來。尤其是老年人常會說：「我的來日不多了，若有什麼萬一，就一切拜託了。」然而到死亡的距離是老少不定，並不是老年人距死亡較近，年輕人較遠，死亡是隱藏在所有人的背後。

事實上，我最近也差點到另外一個世界去了。

在東京結束工作後開車上高速公路，以時速近一百公里的速度飛馳，可能是天色太暗，又感到非常疲倦，竟然打起盹來。結果聽到「叭」一聲，發現自己的車子竟然撞到中間的分隔島，所幸車子又彈回原來的道路，眞是九死一生。

賽內加在『道德書簡』中敘述「死亡不論對年輕人或是老年人，同樣都是近在眼前」。

今日，不論是多麼偏僻的地方都有醫院或診療所，能夠到有最新醫療設備的醫院接受治療，老年人的壽命得以延長，移向高齡化社會。出現了世界上少有的長壽社會，這是很好的事情。但是，再怎麼長壽，有一天還是會到另一個世界去，這是不變的事實。因此，我們必須活到面對死亡這個最後瞬間爲止。

文豪山本有三先生在『路旁之石』中曾說過：「只有一次的人生，只有一個自己，如果不能眞正的活著，人生的意義就不存在了。」走在無可替代的人生道路上，應該以像自己的生活方式來走完它。

最近，衆人對死及死後的世界關心度提高了，大衆媒體也加以報導，很多人就好像看過死後的世界一樣，陳述自己的想法，但是有一點我實在無法了解。正如『論語』（十一）中所說「未知生，焉知死」，與其討論死後的世界，倒不如專心的思考一下該如何的活著吧！

即使不斷討論死及死後的問題，在生前如何的準備，但是死亡是瞬間襲擊我們，在下一個瞬間我們已不在這個世上了。

宗教民俗學者櫻井德太郎，以往在伊豆諸島進行各種實地調查時，看到八十、九十歲的老人個個能夠自立，勞動身體自力更生，等到力氣用盡，便靜靜的迎向死亡。而且，每一個老人都說：「死亡是那麼可怕的事嗎？能夠這樣的活著，就能安心的到另一個世界去。」同時櫻井還說：「聽到這一番話時，我認爲在探討死及死後的世界時，到底具有何種意義呢？當然，有時重視死亡是很重要的，但是如果盡自己有限的力量不斷的努力，得到了好的生；得到了好的生，壽命結束時就順其自然吧！這不也是一種好的死嗎？……。」

事實上當別人問我關於死及死後的世界時，我也無法很有自信的回答「就是這樣子」。可能在罹患癌症之後，醫生宣告「你的壽命只剩一個月」時，才會開始認眞的去思考死亡的問題吧！也就是說我沒有辦法實際去感受有關死或死亡後世界的問題。

在大阪淀川基督敎醫院做了約二十年的終端護理的柏木哲夫醫師說：「末期癌症患者，在最後一個月可說是凝縮了整個人的人生。充滿感謝之心的人會不斷的感謝，不平的人會一直發牢騷……好像還活得好好的，卻死去了。」

竹下昭壽在一九五九年，三十歲時就死去了。他到死之前都寫日記。有一天，他的主治醫師問他有沒有想問的問題，他說：「覺得自己的病好像越治療越惡化，是不是無法治好了呢？」

醫師老實的回答他：「事實上，你得的是胃癌，只剩三個月的壽命了。」

這時他想「原來如此，周圍的人爲了隱瞞這個事實，一定很痛苦」，眞是感謝他們。旣然知道死亡已是無可避免，而且在另一個世界已經有很多親人及先師都在那兒了，想到能在那兒見到他們就覺得高興。雖然我只活了三十年，但是遇到很多人，累積了各種經驗，眞的是受惠良多，可說是無悔的人生了，眞的非常感謝，欣然接受醫師的死亡宣告。

若是普通人的話，面臨死亡時，可能只會想到自己，而無暇去顧及他人。但是，這位竹下先生基於平常的信仰心，知道不管是誰隨時都會死亡，對自己而言，這個時期提早到來而已，他接納了這個事實。

正如道元禪師所說：「生死中有佛則無生死。」將自己投入佛的生命中，把自己的身心交給佛，死去之後就能找到喜悅。

在同一時期的一遍上人也說：「念佛的行者捨棄智慧及愚痴，捨棄善惡的境界，捨棄貴賤高下的道理，捨棄畏懼地獄之心，捨棄諸宗的領悟，捨棄一切的事情，專心念佛，達到佛陀超世的本願。」吐露把一切交給佛的境地。

對於無法到達這個境地，面臨死亡的人而言，認為只要死了便一切歸於無，因此會非常害怕，坐立不安。

的確，人死後屍體會腐爛，歸於塵土，但是個人生前的行為，絕對不會就此消失。會留在有關係的人的心中，就好像作品或業績，會造成影響。

如果不是如此，生前沒有在世間留下任何痕跡，那麼人死後只不過被分解為物理的化合物，回歸塵土而已。因此生前一定要拼命努力，讓生命有意義及價值。

喪失生存的意義，就好像死喪失意義一樣，只不過像動物一樣活著、死去而已。

如果，我們面對死亡這個問題時，所想到的應該不是死後世界的問題，而是在活著時凝視死亡吧！

俄羅斯的作家托爾斯泰，在其所著的『人生論』的開頭中有以下的叙述：

人，自己的生命不是一個波濤，而是永久運動，

將永久運動視爲一個波濤的高度，

了解到這是生的時候，才能相信自己的不死。

以前的人相信人死後會有靈魂，有時還會成爲惡靈，擾亂相關者，因此會祈禱、供養。今日已不再相信靈魂的存在，忘記故人的存在，放置其墳墓不管。所以現代人與故人的關係非常淡薄，也許對這樣的人而言，對方的死只不過如人生中的一幕戲罷了，刹那間便從眼前掠過。

但是，托爾斯泰說過，自己所愛之人的死，不只是一種回憶或觀念，即使死後仍像生前般對自己具有影響力。他將這種關係命名爲生命波浪的永久運動，對於沈浸在這種生命波浪中的人而言，自他的死根本不是問題。

也就是說，自他的生命已經超越世界，活在大自然的生命中。

很多人不知道有這麼大世界存在，一生都把自己封閉在狹窄的殼中，努力的保身，這的確是可悲的事情。

江戶時代的至道無難禪師也說：「即使活著，心中仍要與死人爲伍。」意思是說在一直意識到與死亡爲鄰而過著人生。

像今天希望能在世上過著快樂、舒適的生活，盡量避開死或死後世界等不幸話題的心情，我能夠了解。但是就算你想要避開，想要忘掉，死亡的陰影仍存在我們人生的背後，虎視眈眈的想奪走我們的性命。如果這樣的話，還不如與死亡爲伍，與死亡一起玩遊戲較好。

活到一百零七歲才死去的京都清水寺的大西良慶師也說：「即使隨時會死去仍要心存感謝。」

我們應該要沈浸在這個安心立命的境地中。

不論是老或少，我們在這世間該學習、該做的事還有很多。「信仰就是進行」，今天的自己應該比昨天的自己更進步，成爲更好的人。使自己能在這世間逐一去完成該做的事情，這才是眞正有意義的信仰。

念佛就能使自己成爲使佛高興的人。

痛苦、悲傷、鬱鬱寡歡

世間有許多的不如意，自己想做的事不能做，不想做的事又非做不可，經常會遭遇到這些事情。如果，全都是自己想做的事，又馬上就能實現的話，當然就不會有任何的苦惱了。相信不論是誰都會希望能擁有如此瑰麗的人生，但現實生活中情況卻往往相反。

佛典『涅槃經』中介紹了以下的傳說。

以前有個單身男子，住在一個地方，希望在自己的一生當中，就是一次也好，能有幸福的時候。每天誠懇的向神祈求能得到幸福。有一天晚上，有人敲他家的門。打開門一看，門外站著一位名叫「吉祥」的幸福女神。這位男子高興的跳了起來，想請她進屋來。女神卻說「請等等。我妹妹和我一起旅行」，後來介紹她的妹妹。男子看到她的妹妹嚇了一跳。美麗的姊姊怎會有位那麼醜的妹妹。於是他問「她是妳的親妹妹嗎」，女神回答說「她是我的親妹妹，是不幸女神黑耳」。

這位男子又說「能否請妳入屋內，請妳妹妹待在屋外」。女神則說「這是無理的要求，我們一向都是在一起的，絕對不能留下任何一人」。男子感到非常困擾。幸福女神又說「如果你覺得困擾，那我們兩個都要走了」，男子不知如何是好。

以上的故事就是告訴我們，人生的幸與不幸是一身同體的，不可能光有好事，好事的背後一定有些苦惱存在。

然而智慧較淺的人只會尋求好事，無視於壞事的存在。若眞能如此當然很好，但世間沒這麼便宜的事。

生爲王子的佛祖在他年少之時，在王城內過著快樂、奢華的生活，但是走出城外一看，卻看到許多人正爲苦惱所困，不禁感到人生的現實，而決心出家，終於悟道，這就是他已經超越人生的苦惱而產生的結果。

佛教稱這些苦惱爲「四苦八苦」，也就是除了「生老病死」四苦之外，再加上「愛別離苦、怨憎會苦、求不得苦、五蘊盛苦」這八苦。

「生」的苦就是說我們活著本身就是一種苦。爲了得到生活所需的糧食，有時必須去做自己討厭的事，或是忙於雜事不能休息。「老」的苦是指年紀大，一天一天接近死亡之事。「病」的苦是指罹患病症時身心所受的折磨。「死」的苦則是指不能活在這個世上而感到不安。

所謂「愛別離苦」，是指必須離開所愛之人的苦，「怨憎會苦」則是指不得不去見自己怨恨、討厭的人的苦，「求不得苦」則是想要卻又得不到的苦，「五蘊盛苦」則是不想要的，卻又不得不接受的苦。

只要我們活在這世上一天，自己意想不到的苦就會不斷出現，這就是我們的人生。

原始佛典『斯塔尼帕塔』，將人類的苦做了以下的分析。

「慾望興起，若能如願以償得到想要的東西，那就是大喜。慾望起而貪慾生，若慾望無法達成，就會如箭穿心般的苦。就好像要避開腳邊的蛇頭一樣，避開慾望的人仍無法忘記一些念頭，執著於這個世間。執著於田地、宅地、黃金、牛馬、奴婢、佣人、女性、親人及其他各種慾望的人，會耽溺於欲望中，踏上危難之路。就好像遇難的船泡在水中一般，被苦所困。因此，人必須經常保持正念，避開慾望。要捨棄將船中積水淘光的慾望，隨波逐流到達彼岸即可。」

在佛祖的時代，爲了超越這些苦，將重點放在捨棄存在人類深處的慾望，但是我們眞的能夠去除慾望嗎？

將這些實際存在的疑問提出，以克服這些問題的形態來說教，這就成爲大乘佛教的教義。它並非要人堅決的捨棄慾望，而是要將自己投入所有生命的功能，也就是佛的生命中，這才是正確的生活方式。

道元禪師在『正法眼藏』中所述：「生死就是佛的生命。若厭惡而捨棄就會失去佛的生命。若執著於生死，也會失去佛的生命。……所以要忘記自身、自心，一切投諸於佛中，只能依賴佛、遵從佛，不需費力、不需費心，就能脫離生死而成佛。」

法然上人在被問及「喝酒是罪過嗎」時，他回答：「雖然不該喝酒，但這是這世間的習慣。」總之，只要念佛，喝酒好或不好都不是問題，而是生活本身就能讓佛喜悅。

因此，即使不是從正面去抑止慾望，結果也能淨化慾望。

『心地觀經』中也說：「現在，我的疾苦都是過去造成的。今生的修福（積福德善根）是報應（善的結果）在將來。想要知道過去的因（原因），只要看現在的果（結果）。想要知未來的果，只要看現在的因。」因此，我們的痛苦，原因不只在自己本身，也在於「生命的作用」。生、老、病、死都是因爲「生命的作用」所造成的，只要因（原因）、緣（條件）條件齊備，就會出現結果。

是好是壞都是人類的判斷，因緣本身沒有善惡，只有事實存在。因此不需禁止自己、或是勸他人勿飲酒，若能善加利用，酒便能成爲百藥之長，而飲酒過度則只會傷害自己的身體，縮短生命。然而凡夫常不能好好的控制自己的慾望，過度的話日後就會陷入悲慘的命運中。

世阿彌當成『酒杯銘』的說法是「喝一杯是人吞酒，喝二杯是酒吞酒，喝三杯是酒吞人」，勸誡衆人不要暴飲。酒不僅會醉人，有時會使人發狂，因此也有勸人戒酒的意思。的確酒在悲傷、痛苦、鬱鬱寡歡時，具有治療痛苦的潤滑油的作用。

在我們長遠的人生旅途上，偶而總會有一些令人悲嘆不已的事情。這個時候有人會發發牢騷，發散一下鬱悶的心情，有的人會藉著酒或是以流淚的方式來排憂解愁。每個人都各有其抒發痛苦的管道，但是這些都只是暫時解決的方法，並非根本的解決之道。

也有人會換個地方療傷止痛，或是靜待時間去解決，但是問題在於要去除痛苦的原因。即使喝酒喝到累了睡著了，哭到累了睡著了，也是無濟於事。因爲醒後，痛苦還是會來襲。

我有一位女性朋友，姑且稱爲A女士。她的孩子是智障兒，她很後悔「爲什麼要生下這樣孩子」，每天責備自己，懊惱不已，還說：「孩子無法獨立，一想到他的未來，我內心就充滿不安，眞想和他一起去死。」

有一天她打定主意「今天母子要一起自殺」，準備好麻繩，正要帶小孩外出時，恰巧朋友來訪，她流著淚訴說原由，暫時打消了念頭。

朋友聽完她的心聲之後，竟哭得比她還傷心，看到這種情況的A女士，反而站在安慰她的立場說：「眞對不起，讓您哭成這樣，不要再哭了。」

但是朋友卻無法停止哭泣，「我不知道妳這麼苦，我對於自己以往所作所爲感到很愧疚。事實上。我也要照顧一位瞎眼的老婆婆，又不能放任不管，因此感到筋疲力竭。只好每天在自己獨處時偷偷的哭泣，只有我可以照顧她，我覺得她很可憐，因此照顧她直到今日。但是仔細想想，因爲她的關係，我才能學到人生的種種，所以今後妳也要把孩子當成佛，和他一起拿出勇氣來活下去吧！」

聽到朋友的鼓勵，整個人都改變了，過著快樂的每一天。

看到這些不幸的人，如果自己再說一些不平、不滿的話，覺得自己好像是痛苦的化身，對於這樣的自己感到非常可恥。

在個人主義、團體主義、利己主義的夾縫中求生存

戰後，由美國占領軍帶來的民主主義與戰前的封建主義相對峙，其效果是達成高

度經濟成長，使我們的物質生活豐富，這都是民主主義的恩澤。

但是，美國在越戰失敗及東西冷戰結束以後，成爲世界政治、經濟的保護者之影響力降低，而成反比的是世界各地的內戰、內亂頻繁，因此有志之士開始懷疑歐美型民主主義究竟爲何，以及今後它是否眞的能夠對世界和平與安定有所貢獻呢？

民主主義在古希臘時代是指人民或者是多數者統治的意義不好之衆愚政治，而美國威爾遜總統在參加第一次世界大戰時，才開始將它轉爲好的意義來使用，最初將這場戰爭稱爲「爲民主主義而戰」。

日本在戰前導入「民本主義」，與其說重視其主權的存在，還不如說是重視這種運動的想法，稱爲「大正民主主義」，對於在當時天皇制範圍內的社會主義運動造成極大的影響。戰後，在民主主義之名下，隨著絕對君主的天皇制的瓦解、確認主權在民，基於社會的成員全都擁有自由與平等的理念下，由新憲法保證不分性別、職業、財產等的基本人權。

像最近這種政治、經濟已經失去了終點的不透明時代，以不斷進步爲目的的追求型之開拓精神遭遇挫折，社會成員各自四分五裂，展現任性的行動，像今日，國際間宗教、民族的內亂、內戰頻發、國內道義的頽廢和犯罪的多發等，理由就在於此。

結果，「民主主義」眞的能促進社會安定嗎？還是會造成損失呢？強調自由言論和平等的權利究竟有何價值呢？這些問題開始被提出來討論。

戰後五十年直到今日，由歐美以外的國家導入的民主主義，並沒有在人民心中紮根。的確，制度上是民主化，能夠保證言論的自由及平等的權利到達某種程度，但事實上，直到最近為止，在強力官僚以及由大衆傳播媒體所主導的保護體制，和沿襲過去的傳統社會制度下，只能在被容許的範圍內行使個人的言論自由與平等的權利。最近，這種限制和規範的範圍漸漸被撤廢，隨著經濟的自立，強調個人趣向以及權利的呼聲提高，所以，以國家或社會和職業單位為主體的想法已經是落伍的想法了。

從外側撤廢規範，而眞的能尊重社會成員的義務，從內側自主性的進行限制嗎？我想並非如此的。

以往歐美型民主主義的根幹，是在與神的契約下，個人皆享有自由與平等的猶太、基督教之精神。其淵源來自舊約聖經中的『創世紀』（六～九章）的故事，諾亞及其一族因為相信神，所以能乘坐方舟，免於洪水之難，這就代表一種選民思想。

換言之，即只有諾亞一族對神忠實，因此能夠逃離大洪水的災難，撿回一命，漂流到土耳其的亞拉拉特山上，而其他的人都溺死了。也就是說選民思想是唯一絕對的神與每一個人之間訂立的契約。因此，猶太、基督教在歐美諸國建立了獨立自尊的個人主義精神，直至今日。

諾亞方舟的故事與基爾加梅斯敘事詩（十一章）所描述的英雄——烏特納皮斯其姆的洪水故事非常類似，是以在紀元前一千年時巴比倫地方的底格里斯河、幼發拉底河流域的美索不達米亞王國，實際遭遇洪水侵襲的史實為基礎而產生的。

洪水來襲使得以往的秩序遭到毀壞，重新再編成的故事在世界各地流傳。

像中國堯的時代（紀元前二三五七～二二五八年時）黃河洪水氾濫，當時地方長官——鯀奉命進行治水工程大約九年，雖然專心進行堤防工程，結果卻失敗。因此堯退位，變成了舜的時代（紀元前二二五八～二二〇六年時），鯀的兒子——禹繼承父親的志業，耗費十三年，終於治水成功，結果舜讓王位給他。

這就是著名的「大禹治水」的故事。

在此希望各位注意的是，與前述諾亞方舟故事不同的是並非表現只有特別的人才能得到救助的選民思想，而是說住在同一地區的人全都有共同的命運，會受到水的危害，但是他們並不離開這個地方，卻能互助合作，與自然的災害挑戰，發揮智慧與能力，終於能夠渡過難關。

由此可知，猶太教基督教發生基礎之古代諾亞方舟故事，和中國的洪水故事是形成對比的，換言之，即一種爲跳入新世界的衆人與神的契約和選民思想，而另外一種則是在以往世界中互助合作、努力改善現狀的生活方式。

距今約一百年前，德國的社會學家佛迪南·汀尼斯將人類爲共通的目的與利益，基於選擇自由所形成的社會或社會關係，稱爲「利益社會」，而經由本質意志形成自然、有機結合的社會或社會關係，稱爲「共同社會」，受到猶太、基督教潛在影響的歐美社會，直到今日爲止都是「利益社會」的生活方式，而中國及日本等東亞社會則採取「共同社會」的生活方式。

如果這樣，嚴格說起來「個人主義」是指能夠與唯一絕對的神訂契約的人，自己對神表現忠誠心才能夠有效的發揮機能，如果沒有這種想法的人，則無這方面的限制，更容易陷入「團體主義」中。

戰時的美國文化人類學家——魯斯·威迪克特，將日本人的心理構造與歐美人互相比較而完成了『菊與刀』一書，認爲歐美人在脫離社會規範時，會產生一種「罪惡」的意識，而日本人則抱持「羞恥」的意識，換言之，即歐美人是個人主義，而日本人是團體主義。

日本人的團體主義在對於日本明治維新以後的舉國一致體制的急速近代化及戰後的復興、經濟發展有所貢獻。此外，日本民族的均質性和社會、家族的團結力較強，因此與歐美社會比較，犯罪率較低，社會秩序能夠保持到某種程度的穩定。

但是，如果在團體主義的範圍內生活，重視義理與人情，非常在意外觀和外人的說法，因此，歐美人批判「日本人沒臉」，或者是「原則和眞心是分離的」。最近地區社會或家族的約束力較弱，因此尊重個人的權利，可是忘記了義務與責任，傾向於個人主義，甚至成爲任性的利己主義之例子非常顯著。

此外，隨著經濟成長，昔日以歐美社會爲典範，不斷想要「超越歐美」，努力達成目標，結果加速自信，對歐美人生活方式感到懷疑，甚至出現了沈浸在「日本第一」的優越感中的人。

可能因爲這個緣故吧！哈佛大學的夏米爾·韓其頓教授就提出警告說：「冷戰後的世界，歐美、東亞、回教社會三者間的『文化衝突』，將是對於世界安定以及歐美支配最大的威脅。」

很多歐美人相信社會的安定以及經濟的繁榮，必須要以猶太、基督教爲根幹的民主主義和個人的自由，而日本等亞洲新興國家沒有這種土壤，卻能保持社會秩序、經濟獲得成功，因此，很多人認爲基於個人主義的歐美社會「利益社會」之原理，必須在加以檢討。

就是說對神忠實，執著於其原理，進行自我主張，在爭論以及理念衝突當中，社會或個人得到進步的理想想法遭遇挫折，實際上波希米亞以及北愛爾蘭等地所產生的宗教、民族間對立的武裝衝突，使人不禁懷疑是否有共存共榮的解決方案。此外，由於猶太、基督教對歐美人的影響力降低，對於神的敬畏及罪惡的觀念淡薄，產生衆人不管做什麼都可以的想法，因此墮落、犯罪、離婚、痲藥、愛滋病的蔓延等，社會腐敗的現象不斷的發展，而亞洲諸國也是同樣的，不，應該說更爲過分推行利己主義的人急增，加速了危機狀況的出現。

對個人取下了「個人主義」或「團體主義」的枷鎖之後，就容易陷入一種「自掃門前雪，不管他人瓦上霜」的利己主義中，這是世界共通的現象。

之後，如果沒有基於宗教或良心的自主規範，以及社會的習慣、倫理的外律規範，則剩下的只是對於違反國家、社會、法律者進行嚴罰主義的執行而已，同時也無法保證擁有尊重人權的國家或社會的秩序出現。而且，沒有事件出現後的處理方法，或事前防範方法。

那麼，我們在今後的世界中該如何生存下去呢？在此登場的就是佛教所說的「緣起」與「非我」的想法。換言之，即在這世間的人都是互有關連的，絕非孤立的，基於這種想法，就能產生一種「不是我的東西」的生活方式。

一位罹患癌症的主婦名叫鈴木章子在病床上說：「如果大家能夠嘗到幸福的滋味眞是太棒了，等我一點點一點點的吃著一個柿子時，我覺得病房裡充滿了開朗的竊竊私語聲，大家都分享了我的喜悅。」

這並不是個人主義或團體主義的表現，也不是一種利己主義，而已經超越了這一切，在團體中能夠共存共榮的和平世界。

我認爲佛敎所說的「緣起」和「非我」的敎誨，是衆人能夠解救世界的指導原理，應該要加以實踐。

何謂眞正的生存意義與幸福

不管是誰，活在這個世界上，都希望在自己活著之時做自己想做之事，然後無悔的死去，是否眞的能實現不得而知？但是即使現在生活痛苦，感到非常厭煩，可是對將來抱持夢想和希望，覺得明日的自己比今日的自己過得更好，用這種期待之心活著才是正確的。而在實現的過程中，所得到的「生存的意義」和「幸福」的內容因人而異，各有不同。

有的人目的是為了得到金錢、名譽或權利；有的人則希望子孫能夠快樂的成長；有的人則希望能夠從事自己的興趣；有的人則認為雖然這麼想，可是卻沒空這麼做，而等到滿腹牢騷；而有的人則是終日無所事事。

總之，各自過著啼笑的人生，在生命結束時走向另一個世界。

那到底眞正的「生存的意義」或「幸福」是如何得到的呢？所以「生存的意義」就是蓄積在我們腦中的情報，下達命令要我們朝向自己該做的所有目標和工作發揮幹勁，而在實現的過程中，能量完全燃燒的結果所感覺到的就是「幸福」。

例如：自動自發的去從事運動、學習或工作，就是一種「生存的意義」，而在做完之後所得的充實感，就是一種「幸福」的喜悅。因此，如果我們沒有能夠完成工作的機會或是場所，就無法感覺到「生存的意義」，當然也無法嘗到「幸福」的喜悅。

但是，如果只是基於利己之心，尋求自己的幸福，也不算是眞正的「生存的意義」或「幸福」。因為即使自己得到幸福，可是周圍的人卻會說你「太任性了」，或者是「那傢伙死了也不可惜」，在背後指指點點說壞話。與其如此，還不如思索自己在活著的時候「自己的工作能夠對誰發揮作用」，努力爲他人著想，如此活著，則死後周圍的人就會說：「那個人呀！留下了讓我們思考的空間才死去。」換言之，即對於你的死，大家都覺得非常惋惜，如果能夠過這樣的一生，才是一個好人。

專攻精神醫學的上智大學福島章教授認爲要成爲擁有統合人格的人類，必須滿足二方面的要求，在其著作『青年期的心』中，他有一項敘述。

也就是說：「現在的自己與過去的自己具有有機性的連續性，可以認同爲是同一性的表現，而且還有一個迎向未來的存在，現在覺得活得很充實的實存感覺，以及和自己及自己所屬的社會之間的內在一體感，就是能夠得到社會接受的社會同一性之感覺。」

這兩方面要強調調和是很困難的。但是，在其夾縫之間必須不斷的與其間的矛盾搏鬥，努力精進，才有人類的存在價值。在這過程中的痛苦就好像修羅的「與自己的搏鬥」一樣，這絕對不是非常快樂、有趣的事情，但是，如果想要逃避、封閉在自己的殼中，則是太過於任性的作法了。

翁桑絲基爲緬甸國民民主聯盟的女性黨主席，在一九九一年度得到諾貝爾和平獎，但是直到最近之前，她都被政府禁止其政治活動，同時過著軟禁的生活。

她的父親投身於緬甸的獨立運動，在最後被暗殺了，而自己繼承了父親的遺志，爲了重建國家，以生命做賭注，是非常虔誠的佛教徒，她年輕時到京都大學留學，後來又到英國牛津大學留學，遇到了現任哈佛大學兼任教授的麥可·亞里斯，結婚以後生了二個孩子。有一段時間，她做好家事、照顧孩子、致力於義工工作，在一九八八年接到母親病危的消息歸國時，看到母親悲慘的狀況，感到非常傷心，而且配合周圍衆人的請求，成爲緬甸民主化運動的領導者，且在選舉獲勝之後，遭受政府鎭壓被監禁。對她而言，所尋求的並非個人小小的幸福，而希望能夠對衆人的幸福有所幫助，這就是她生存的意義。同時她認爲「對信條忠誠比對個人忠誠更重要」。

她寫給丈夫的信中，有一段內容是這樣的。

「我只有一個請求。如果國民須要我的時候，請你幫助我爲了他們盡本分。（中略）在我們這麼幸福之時，卻要這麼分開，的確是難以忍受之事。但是，恐懼是毫無意義的，即使不安也無可奈何。兩個人要互愛互相鼓勵，我相信到了最後愛和體貼一定能夠獲得大勝……」

在以往殘酷的軟禁生活當中，這位女性不顧自身的幸福，而爲了周圍衆人的幸福挺身而出，不斷的奮鬥。

對她而言，除了自己以外，沒有人能夠解救悲慘的國民和國家，這種使命感使她在遇到鎮壓和嚴刑拷打時也能非常的堅強，在此表現出她的生存意義。

此外，寫下『宮本武藏』及『新書太閤記』的作者——吉川英治，在死前五年完成了『新·平家物語』最後一章，假借看穿波濤萬丈的戰亂之世，最後到吉野山賞花及吃便當的麻鳥與蓬這一對老夫妻，來訴說對自己而言的「幸福」的心境。

動筷子，送一口飯到口中之後，暫時忘卻了手中的筷子。蓬還是蓬，麻鳥還是麻鳥，「啊！雖然發生了許多事情，但是，這麼長久的歲月，我們並未分開。」夫妻生活這一段小小的歷史塡滿心田。

……過去半世紀眞是可怕啊！神佛也不敢保證，那個地獄是否會降臨大地。遇到這樣的亂世，我們在保元、平治大亂前夜離家出走。……還好未被砍殺來到此地。

這對夫妻辛苦的活到這步田地，而且遇到了美好的春日。一些身居高位的高官，或者是如平家源等著名的人物，最後都消失得無影無蹤，這一對無力的夫妻反而能夠平安無事，的確讓人覺得不可思議。

「我們是非常僥倖者。比起以往看盡榮華富貴者更幸福。……比起任何容貌美麗的女子都更幸福。」

蓬坐在柔軟草地上笑而不語。（中略）

終於放下筷子，「眞好吃啊！……蓬」聽到對方這麼說。

「眞覺得好像在夢中吃東西一樣。」

「你聽，黃鶯在叫了，聽起來好像迦陵頻伽一樣，彷佛在極樂或天國似的。」

「嗯，我們現在就是這樣啊！」

「我認爲這才是人類最大的幸福，如果如此就能原諒他人，也不會受到神的責怪。這是大家衷心期盼之事。」

這對夫妻交談的只是一些家常話，而吉川所想要表達的意思就是自己辛苦的活著，終於能夠享受到「幸福」的喜悅。像這種「快樂」或「喜悅」，絕對不是金錢或名譽能夠買得到的。

今後，我們是否能夠從昔日的物質與能量合成機械工業化時代，或者是物質與情報合成的流通產業化時代，轉移爲個人蓄積情報與能量合成而產生的「得到幸福的生存意義」的時代。如果我們在豐富的食物和製品、設備及情報中過著舒適的生活。如果我們不能夠在活著之時，運用自己的經驗，沒有應該達成目標或工作，不會爲了社會，而完全燃燒自己的能量，則即使是長生，也不過是行屍走肉一般，就好似植物人一樣。

相遇是分別的開始

最近，我的一個好朋友，他五歲的女兒因爲遭意外事故而死去。

星期日妻子因爲運動對身體有益，因此帶女兒到附近健身中心的游泳池去練習游泳，結果視線稍微離開，周圍雖然有很多人，可是這孩子卻沈入水中沒有任何人察覺，等到發現時已經溺水，雖然進行人工呼吸，可是最後卻救不回來了，到昨天爲止還很有精神，活蹦亂跳，講到笑容讓周圍的人都會疼愛她的可愛女孩，結果現在卻一動也不動的彷彿熟睡般的躺在床上，而朋友的妻子坐在床邊不理會丈夫說「眞難看」的制止話語，在那嚎啕大哭。

接到這個消息之後，我前來弔唁，看到雙眼哭得通紅的朋友妻子痛苦姿態，不知該說些什麼來安慰她，只有合掌誦經念佛而已。

我知道她現在心中一定在懊惱，爲什麼會發生這種事情？爲什麼一定要帶女兒到游泳池去？爲什麼知道危險，自己的視線卻要離開女兒的身上？爲什麼周圍的人沒有察覺呢？如果能夠更早一點做人工呼吸，如果用救護車送到最近的醫院，也許還救得回來。這位妻子的確是後悔不已，而對於她的丈夫和周圍的關係者而言，也有同樣的悔恨。

即使祈求女兒原諒自己的過失，責備自己的作法，可是女兒卻沒有辦法再回來了，因此，只好抱著女兒的屍體在那嚎啕大哭，對這位妻子而言，也許應該這麼做。在此時即使對她訴說世間的無常，她也聽不進去的。但是，叫我默默退下，我的良心也不允許我這麼做，想對這對夫妻以及有關者說些鼓勵、安慰的話，因此，大家一起合掌念佛之後，我說了以下的話：

「已經無法挽回的事情，就算後悔也沒有用了。我聽到消息也嚇了一跳，懷疑這是不是做夢，知道是事實以後，我也不知該如何安慰你們。事實上，我只能和大家一樣祈求這位小女孩的冥福而已。但是，再怎樣悲嘆，女兒也無法再活過來，我們必須要接受這個事實。讓這個女孩的身體歸還於佛，在清淨的世界看著我們吧！除此以外別無他法，這個女孩也是佛的一員。向佛祈求，讓成爲佛的女孩可愛的笑容遍及全身，隨時隨地都能淨化身心，大家一起合掌念佛吧！如果覺得合掌、口中念佛是很難爲情的事情。那麼就在心中合掌、念佛也無妨。總之，一定要和佛在一起，佛不同於人，祂絕對不會責備我們無心的過失，也不會不原諒我們的過錯，因爲如果佛不原諒我們，那麼祂就無法成佛了。佛的智慧與慈悲是無條件的，不管對任何人、任何行爲都會原諒。但是，不可以認爲自己反正到最後都會被原諒，而肆無忌憚的胡作亂爲。如果要和佛在一起，一定要讓佛高興。

但是，即使女兒成佛，然而失去女兒是很悲傷的事情，如果哭泣能讓你們感到舒服的話，你們就哭到淚水乾了爲止吧！可是，成爲佛的女兒絕對不會高興見到你們的這種表現，佛最高興的就是我們能夠照佛的意思去做，佛心就是希望大家能夠身心健康，有精神的過著幸福的每一天。

不論是誰都會死去，與年齡無關，隨時隨地會發生什麼事情，只有天知道，我們是不知道的，你們家這麼早就有這種不幸的事情到來，可說是比別人更早一步與佛接觸，所以根本不要放棄，今後我相信成佛的女兒，將會和你們夫妻互助合作，讓你們很有精神的走在微笑之路上。」

這個突然的變故讓我不禁想起，昔日佛祖在世時，北印度死去孩子的母親叫姬莎·格塔米。

這個母親的孩子突然死去，母親非常的悲嘆，不斷的吹入氣息，希望孩子能夠恢復原狀，而且去找附近的醫師和祈禱師。但是，每個人都說他不可能再活過來了，母親束手無策，不知該如何是好？這時知道詳情的人告訴她：「妳到住在祇園精舍的佛祖那兒去，他一定會告訴你好方法。」叫她趕緊去見佛祖，把事情的始末告知，佛祖告訴她說：「那麼妳就去找白罌粟，但是白罌粟要去以往沒有任何人死去的家中去找尋。」欣喜的母親趕緊跑到城鎮，挨家挨戶的去尋訪家中沒有死過人的家庭，想要得到罌粟，但是，卻發現每一個家都曾經死過人，母親終於領悟到佛祖是要讓她了解到這個世界不論任何人隨時都可能會死去，因此，她就祈求孩子的冥福，結果長生，遵從佛的教誨，很有精神地過著幸福的一生。

我們的每一天，眼前都是黑暗的，不知道何時、何地會發生什麼事情。但是我們不能因爲害怕而什麼事都不做，虛渡了寶貴的人生。

有一陣子非常流行吉井勇所作的詩，詩中有一段話提到：「生命短暫的少女啊！

紅色嘴唇尚未閉緊之前，熾熱的血潮尚未冷卻之間，明天的日月已經消失了。」也就是說，我們必須隨時以「一期一會」的心情重視現在。

一旦相遇的對象，活著的時候分開是生別，其中一人死去時則是死別。這是理所當然的，即使對方是你最愛的人，也不可能永遠在一起。但是世人卻不知道這一點，而在結婚典禮時發誓永恆之愛，然而這是不可能履行的事情。

有一次雲嚴禪師去拜訪前輩百丈和尙時，雲嚴問道：「老師每天到底爲誰而忙碌呢？」而百丈說：「爲一個需要我忙碌的人而忙碌。」靈嚴又問道：「爲什麼不讓他自己去處理事情呢？」百丈回答說：「因爲他自己無法家活。」所謂「家活」就是指「人生」，意指他無法自己活著。

我們在一生當中會遇到很多的人，也可能會有別離，過著哭笑的人生。但是，我們眞正遇到好的親友的機會應該很少吧！如果能夠直接遇到親友，或者是分開時，不論在何時、何處都能夠心意互通的話，因此就不需要嘗到別離、悲傷了。

我在美國時，得到了思鄉病，當時一心想回到故鄉——日本，甚至徹夜無法成眠，雖然感覺孤獨，但是我相信佛就在我身旁，我察覺到這樣自己就能夠活下去，感覺非常不可思議，孤獨感霎時煙消雲散。待在美國十二年，我了解到所謂我的故鄉，就是現在我站著的地方，不管到哪兒，都不會有寂寞之感了。

再回到開頭的話題，如果自己摯愛的子女死去的人，或者是父母雙亡的人，當然會感受到離別的悲傷與痛苦，但是，不能夠永遠悲嘆下去，必須要盡早找出自己心靈的支撐，依賴這個支撐堅強的活下去。

把佛心當成是自己的心，隨時隨地都過著讓佛喜歡的生活方式，可以說是對現在已經死去成佛的人最大之供養。如果能夠早一點察覺到這一點，向佛合掌表示感謝，則自己無可取代的人生不會留下任何的悔恨。

自己無法隨心所欲時

不管是誰做自己想做的事情都會加快腳步去做，希望他人能遵從自己的想法，但是，實際上沒那麼簡單，可是，事情一旦朝著自己所不希望的方向前進時，就會變得非常的厭煩。我自己有很多想做的事情，但是，眞正實現的不到十分之一而已，剩下的十分之九就像春日淡雪一樣，只不過是夢想而已。

任何事情在實行之前，都要訂立周詳的計劃，確信「這樣一定辦得到」，想要做到最好的地步，結果可能令人不滿意而留下斷腸的感傷。

此外，對他人表現自己的好意，而對方可能恩將仇報，自己經常受到背叛。

這時，我們採取的態度有以下三種：

第一就是改變周圍的狀況，迫使對方向自己屈服的方法，第二則是與周圍調和、妥協的方法，第三則是放棄萬事，自己追隨對方的方法。

舉個好例子，像織田信長、豐臣秀吉和德川家康的態度正好符合這三種。

也就是說，信長是「如果布穀鳥不叫就殺牠」，秀吉則是「布穀鳥不叫，就讓牠叫」，家康則是「布穀鳥不叫就等到牠叫好了」，三者代表三種態度。而我們則會配合周遭的狀況和對象來選擇其中的任何一種方法。

結果，倘若能夠改變周圍衆人，讓對方叫，就會覺得非常的滿足，如果辦不到，就會出現心靈的糾葛。當自己無法隨心所欲時會生氣，而誹謗、謾罵周圍的人，感覺憤恨不平而發牢騷，假使不滿沒有渲洩口，則會自責，失去生存的意義，內心忸怩，躺在那兒哭泣。

反之，倘使自己被迫要配合周遭的狀況時，自己所採取的態度也是同樣的，可能會加以拒絕、反抗，或者是互相商量找出中和點，或者是萬事都採取屈服之道。

例如，對方要強奪自己所用的東西時，我們所採取的態度可能是爲了不讓對方奪走，自己趕緊逃跑，或者是知道無法逃跑時，一部分交給對方，假如還是沒有辦法，只好讓對方奪走了。

昔日的經田連會長石坂泰三認爲當別人提出請求時：「能夠不讓對方產生不快感，而能夠說『不』的人具有經營者的資格，誰都會說好，當然如果雙方吵一架就更簡單了。」

總之，即使在內心裡不喜歡對方，不想做的事情不得不做時，在這種現實的狀況之下，以往的知識或道理無法發揮作用，這時必須要依賴自己累積的經歷所培養的人生智慧來發揮作用。

前外務大臣廣田弘毅就曾說：「風箏在風吹之前，一直躺在那兒。」人生中有順風、逆風、無風狀態等各種的情況，不管是哪一種風吹來，都要保持「不焦躁、不放棄」的心態，而且要採取不會忘了自己的生活方式。

由此可知，生存在這個世上有很多不盡人意的時候，人的苦惱是無窮盡的，因此很多人容易終日鬱鬱寡歡，哭泣終其一生。但是英國詩人奧斯卡·瓦德就說：「人生有二大悲劇。一個是夢想無法達成，另外一個卻是夢想達成了。」換言之，即我們活著的時候，不只是夢想尚未達成之時，就算達成之後，又會陸續產生新的慾望，而苦惱不斷。

佛教將這個現實稱爲「一切皆苦」，要脫離這種苦，必須要「苦集滅道」，也就是說先了解苦的原因，掌握要點，然後做最好的努力加以根絕，超越苦惱之後，就能夠從「苦」中解放出來。

例如：升學考試失敗而感到痛苦，最大的原因就在於自己的實力以及學習不夠。可是，我們卻忽略了這幾點，責備不讓自己合格的對方，或是考試失敗以後感到後悔，但是這都沒有用。如果不想嘗到失敗的痛苦，就必須在平常培養實力，向考試挑戰，只要合格就可以了。

此外，就算有自己喜歡的異性，想要把自己的心情告訴對方，希望雙方能夠走向戀愛或婚姻之路，可是，對方或許沒有這樣的想法，這時倘若表明自己的熱情，希望努力做到讓對方喜歡自己，然而假如對方有一種被強迫的感覺，反而會討厭你，或者你會怠忽讓對方喜歡你的努力，結果，我們會遭遇失敗或失戀的痛苦，這才察覺到自己做錯了。

猶太人的俗諺說：「周圍的狀況能改變則改變，不能改變則改變自己。」所以絕對不能夠勉強他人。

換言之，即如果無法得到目的物，就利用代替物來使自己得到滿足，這就是心理學的「代償行爲」。其中包括「破壞的」與「建設的」代償行爲。

「破壞的代償行爲」就是因爲無法得到目的物而感到生氣，因此會傷害對方的行爲，想要藉此來渲洩自己的鬱悶。而「建設的代償行爲」就是雖然無法得到目的物，卻讓自己行爲轉位而得到滿足的方法。

精神科醫師齋藤茂太在診察一位德國婦女時，對方向他口出惡言，但是因爲對方是自己的顧客，所以不能夠毆打她，爲了作生意必須要忍耐，可是在回家以後，晚上睡覺時，他夢到自己用掃把拼命毆打這名婦女，渲洩自己的鬱悶，這種代償行爲不會對於對方造成任何危害，可說是非常健康的消解方法。但是大部分的人都有被揍之後，想要再揍回去的想法，如果對手太強辦不到的話，男性可能會喝酒，女性可能會摔東西，藉此來渲洩自己的鬱悶。

距今百年前的瑞士思想家亞米爾在少年時是個孤兒，一生孤獨。在他三十多年所寫下的『亞米爾日記』中說到。

「活著就是日新又新，也是再發現自己。日記是孤獨的人說眞心話的對象、安慰者及醫師。」

日記並不是爲了讓別人看而寫的，而是爲了忠實訴說自己的本心，也可說藉此當成治療自己的最佳手段，如果你沒有可以發洩自己不滿的對象，你就寫寫日記吧！

此外，半身不遂的業餘畫家星野富弘也說：「想說的話無法說出來時，也許畫畫比較好。」

由此可知，當自己無法隨心所欲時的解決方法因人而異、各有不同。有的人寫文章、有的人作詩、畫畫、寫歌、有的人去運動或旅行，有的人大吃大喝，或者是大哭，不管怎麼做都可以，可是絕對不可對周圍的人造成困擾。

問題並不是我們的想法該以何種方法達成，而是我們平常的言行是否是符合道理的，毫無道理的生活方式不算是眞正的人生，就如開頭的布穀鳥例子一樣，不要採取信長、秀吉或家康，其中任何一個人的態度，應該擁有一個「布穀鳥叫也好，不叫無妨」的心境。

我們不應該有「自己的願望」，這種自私自利的想法，而必須在宇宙的秩序（道理）中，努力過著自己所得到的人生。

如果宇宙的秩序和自己的慾望之間產生了糾葛、產生了苦惱時，也必須要果敢的越過才行。

即使我們自己的心願無法達成，藉著念佛，經常讓自己置身於宇宙秩序中，知道自己活著，走向「不焦躁」、不慌張、不放棄」的人生較好。

活著

我們藉著現代科學技術文明之賜，能夠過著方便舒適的生活，大家都承認這個事實。但是能夠辦到這一點都在於先人努力的恩賜，我們即使再怎樣感謝也感謝不完。

在歐洲以前曾有一種想法，認為自然可以藉著人類的意志加以改變，基督教認為人類與自然同樣是神的被造物，而包括動植物在內的自然在人類之下，應該是被人類所征服的。

十八世紀法國大革命時，指導者洛貝斯皮爾要求人民信仰理性代替神，確信能夠藉此征服自然。而在同一時期的英國產業革命興起，內燃機等科學技術發展，人類的勞動被機器所取代，縮短了勞動時間。

接著，由於帝國主義和資本主義的發展，使得先進諸國加速了工業化，國民生活水準提升，以往只是忙著吃飽的生活，漸漸有了休息以及休閒的餘暇時間。後來，我們又相信產生科學技術的人類之理性非常優秀，想要把圍繞自己的自然環境當成是自己永遠無法滿足的慾望之餌食，想要自由的加以改變。

結果，資源被淘空，公害發生，使我們的生活在在受到威脅，事已至此，進步發展的科學技術文明今後對人類的將來會帶來利益呢？或是帶來毀滅呢？這是我們必須要重視的問題。

我們沒有辦法再回到如昔日般不方便、不快的古代人生活，但是也不能屈服在威脅我們生活的自然之威猛下，人類必須在大自然的規律中，與自然共存共榮，除此之外，沒有活下去的方法。

我們可以靠著自己的意志，任意停止自己的呼吸，或者是停止體內流出來的血或汗嗎？人類能夠任意的創造出動植物嗎？仔細想想我們是自然的被造物，如果沒有自然的恩惠，則無法存在於這個世界。

倫理學家宗正孝也說：「自然在人類存在之前就已經存在了，同時擁有遠超過於人類小智的龐大深廣的智慧。近代科學技術文明想要征服自然，但是卻受到自然強烈的報復，這個事實使我們必須要再次謙虛的反省人類與自然的關係。」

人類之間的關係也是如此。

今日世界不論個人、團體或國家單位為了尋求自己所屬社會的適者生存而互相競爭，有時發展成對立、紛爭或戰爭，陸續產生許多無辜的死傷者。這種狀態如果再持續下去的話，雙方會互相傷害，一起倒下，而導致人類的滅亡。

美國心理學家亞布拉哈姆·馬茲洛提倡人類慾求五階段說。也就是說我們爲了活著而出現⑴生理的慾求、⑵安全慾求、⑶歸屬慾求、⑷名譽慾求、⑸自我實現慾求。

我們的生存意義就是從第⑴階段到第⑸階段爲止的目的追求過程。爲了滿足這些慾求，客觀條件則是自己的肉體及精神健康，以及能夠接受慾求周圍的社會及自然環境，當然，爲了生活，經濟條件也是不容忽視的問題。

今日的世界，個人、團體及國家間的紛爭不斷，追根究柢原因就在於經濟問題。因爲資本主義的自由世界沒錢無法生活、沒法工作。

十八世紀英國經濟學家亞當·史密斯就說：「追求自我利益而競爭，能夠使得整體的利益發揮到最大。」鼓勵蓄積財富，爲古典派經濟學的始祖，對於後來各國的經濟政策造成了影響。但是，結果的確財產增加了，卻無法達成整體的利益，不公平感大幅度增加，貧富差距不斷的擴大。

史密斯的確鼓勵財產的蓄積，但是他並非允許大家放手表現個人的私有慾或利己心，在其所著的『道德感情論』中明白的叙述這一點。換言之即基於利己的本能，對個人的健康與財產必須在身分或名聲等社會全體的「正義原則」，也就是個人的生命、人格的保護、財產的安全、權利保全的範圍內自由的行使。

遺憾的是，衆人卻違反史密斯的主張，而打破了「正義原則」，只是拼命的想要滿足自己的私有慾和利己心，而與他人發生糾紛。

此外，舊蘇聯等社會主義國家不允許個人的財富所有權而推進計畫經濟，雖然能夠保障低所得層的生活，但是，由於壓抑個人的慾望，因此，理想的計畫遭到挫折、挫敗。

這時，佛教登場了。昔日佛教的始祖——佛祖知道我們的人生因爲不可避免的慾望而痛苦，因此，他認爲不應該否定或壓抑慾望，而必須將慾望控制在正確的方向才對。所以，就算自己想做善事，不想做壞事，可是卻會被自己的自私心所背叛，這些慾望就是因爲我們以自我爲主才會產生的。親鸞上人掌握到這一點，因此在『正像末和讚』中說：「心如蛇蠍一般。」

因此，親鸞上人在『末燈鈔』中說明不要捨棄自己的主義，自然的遵從佛的光明而生活，將生活方式朝這個方向轉換，就能夠發現自己的解救之道。

這些先師們經由自己的體驗知道活著的人卻都擁有生存的慾望，希望能夠表現出來，而且察覺到所有的人都執著於自己的存在，在他人的犧牲下存活的事實。因此，如果我們不加害他人而能夠活著，必須要承認個個的特異性，同時共有所有生命同一根源佛性才行。

我們的世界是基於緣起的法則，生物與無生物全都互相依賴，在佛性中共存。但是，存在於所有生命根底之物，衆人卻加以區分，區分出是自我的東西或他人的東西。這個差別因爲人類的「盲目意志」，也就是慾望的執著而加速。結果，佛教的世界被細分爲多樣化的世界，引起異同而大家產生了不平等的感覺，產生個別化者之間的競爭。

我將其命名爲自私的自我意識（小我），由於執著於小我，因此，我們與全生命的同根性背道而馳，產生一種錯覺，認爲靠自己一個人就能活著，就能安居在多樣虛構的世界中。

例如：我們在這個世間的存在就好像是寄生在體內的癌細胞一樣，吸收我們自己體內的養分而生存。如果癌增殖侵襲體內的細胞，則我們無法活著。我們生命死亡時，癌也會死亡。因此，癌細胞想活著就不能讓生命死亡，生命與癌必須互相共存共榮。同樣的，我們的慾望碩大，人類產生了爭執，破壞了自然環境，則地球體就會面臨毀滅。

因此，上座部佛教認爲應該要捨棄我慾，所以出家，而藉著禁慾來致力於共存共榮。但如此一來沒有辦法進行如人類般的活動，因而標榜在家佛教，認爲不要否定慾望的存在，要加以善用。也就是說，我們的慾望好像是諸刃劍一樣，依使用的方式不同，可能成爲使人活下去的手術刀，或是殺人用的刀子，依使用者的心態而使得價值改變。

事實上，我們要讓住在世界上的人能夠讓自己的想法，或者是順從自己的想法是不大可能的。但是，不可以因此認爲「既然自己的想法無法達成，那就放任不管好了」，一定要配合宇宙自然的法則而生活。

佛祖留給弟子們最後的遺偈是「在我死後，自燈明，法燈明」，訴說這世間的一切。同時也不要「捨棄自己的想法，成爲他人的犧牲品」。

即使自己過著悲慘的生活，也必須經常站在貧者和弱者的立場，體會對方的心情，這才是溫柔慈悲心的表現。在這裡沒有利害與打算，而可以看到一個美麗如法的世界。

察覺自己走錯路

每個人都有不同的性格，世界上絕對沒有性格完全相同的人。因爲不同而表現出如萬花筒般的各種不同之想法和態度，有時會招致周圍衆人的偏見或誤解。

世間把每個人具有的性格勉強加以區分爲「好人、壞人、奇怪的人」，事實上，我們不可能如此輕易的區別個人的善惡。在一個人之間有好的一面、壞的一面和奇怪的一面同居，因時因地會交互表面化。

如果我們能夠深入去掌握自己和他人性格的不同，就能夠了解其言語與行爲以及各種的作法，即可避開大家所抱持的偏見或誤解。

人的性格一般是由內因性、外因性、心因性，這三種原因所形成的。也就是說內因性是指個性，是經由基因在生前就培養而來的。而外因性則是受到周圍的社會環境或作用的影響。共因性則也可以稱爲氣力，是靠自己的意志所構成的。

所謂「三歲而知百歲魂」，我們的性格在成長期經由內因性或外因性而形成，尤其內因性這種生前腦細胞內的染色體輸入的個性，對於日後性格的形成會造成極大的影響。

但是，隨著年齡的增長，會逐漸脫離內因性或外因性的桎梏，而藉著心因性形成自發的生活方式，這就是長大成人的證明。因此，有的人年紀已經很大了，卻依賴內因性或外因性，一直無法成爲正常的大人，是個不成熟的人。

德國心理學家克雷其瑪認爲我們的個性是藉著瘦型、胖型、筋骨型等體型而各自分爲分裂質、躁鬱質、癲癇質。但是並非說我們是精神分裂病或躁鬱病或癲癇患者，而是說具有潛在性的這種素質。

分裂質的特徵就是具有非社交性認眞、多愁善感、心有內外之分、比較順從。而躁鬱質特徵則是富有社交性、親切、有精神，如果一切事情按照自己的想法進行就覺得很高興，如果無法隨心所慾，就會變得很頹喪。癲癇質的特徵則是熱衷於事物，也稱爲粘著質，具有鈍重、不管性及安靜、精力。

此外，日本的心理學家——宮城音彌則將我們狹隘的性格定義爲偏執質、歇斯底理性格、神經質，各自用強氣、勝氣、弱氣的名稱來代替。

其特徵，強氣的人自己的實力與自信在伯仲之間，會形成過大評價，而勝氣的人則是自信勝於實力，弱氣的人則是對於自己的實力及自信都給予過小的評價。其結果強氣的人會陷於妄想病狀態中，產生浮遊於空想及幻想世界的幻覺症狀，具有他虐性。

而勝氣的人當自己無法適應周圍的狀況時，將不滿鬱積下來，無法尋求渲洩，就會發出呻吟聲，出現歇斯底理的發作現象。弱氣的人經常受到自己對於周圍的恐怖心及強迫觀念的威脅，而形成神經衰弱的狀態，不管做什麼都覺得不滿意，有自虐性。

宮城認爲：「妄想病是強氣之極，歇斯底里是勝氣之極，神經衰弱是弱氣之極，所有人類的性格都在這個三角形中。」

同樣的，美國的文化人類學家佛倫斯・克拉克洪博士以人類學觀點認爲我們對自然環境的態度，有「征服型」與「調和型」和「隨順型」三種。

所謂「征服型」，就是對於從現在到未來產生一種想要進行外部改革運動的目的志向。而「調和型」則是擁有從內部慢慢改善現狀的狀況志向。「隨順型」則是對照過去，想要保持現體制的傳統志向。

根據以上克雷其瑪和宮城音彌及克拉克洪博士的說法，在不同的時代或場所，對於人類的性格作了概括的分類，但是，不管哪一位都沒有發現到共通意識能夠發揮作用。

也就是說，我們可能會屬於三種性格中的任何一種，各自有偏差的生活方式而構成社會，形成歷史。

因此，我們經常脫離自己，展現異常的生活方式，所以宮城音彌爲了方便起見，將這三種性格的人置於正三角形的各頂點，而認爲從中心到最遠的極端，會呈現妄想病、或歇斯底里、或神經衰弱的現象。

我們必須要盡早察覺自己的偏向性，盡早努力讓自己回到正常的正三角形中心位置的本來之自我點上。

昔日美國的精神分析學家——艾力克·傅洛蒙博士曾經用橡皮筋的例子教導我，人類正常與異常的簡單分辨法。

他說：「正常人就好像新的橡皮筋一樣，拉長之後還會還原，但異常人就好像老舊的橡皮筋一樣，拉長之後越拉越長、無法還原。同樣的，正常人的喜怒哀樂經過一段時間之後就會復原，但是異常人的喜怒哀樂才不會復原，而且自己也沒有自覺到這一點。」也就是說正常人藉著察覺到自己言語行爲的偏向性，不斷把自己性格的缺點納入其他性格的優點中，藉此努力修正自己走回本來自己的軌道，而異常的人則沒有察覺到自己性格的偏向性，有時候會產生暴動，而終其一生。

距今二千六百年前佛祖在印度修行成佛時，可能就已經親身體驗到人類無知的可怕。傳達佛祖語言的經典各節中都訴說要直視人類原有的姿態。舉一個例子，像『相應部經典』中訴說佛祖對弟子說：「中道」的珍貴。

佛祖說：「出家人不可走兩個極端，這兩個極端為何呢？在諸慾當中，耽溺於慾的快樂，會成為凡人而無法成為聖人，因為這是執著於不合道理之事。此外，光是做使自己痛苦的事情，無法成為聖人，因為這也是執著於不合道理之事。如來捨棄了這兩個極端而領悟了中道，藉此開眼、生智、得寂靜，給與覺悟。到達正覺、赴涅槃。」

這裡所說的二個極端就是快樂與苦行，也就是說快樂與痛苦，人生的一切絕對不能夠「過猶不及」，如果走兩極端就會失去平衡，會脫離原有的道路（中道）。

佛祖用琴弦做比喻，對弟子索納說：「如果你的琴弦繃得太緊，或者是太鬆的話，你覺得能夠發出曼妙的聲音嗎？」

換言之，即琴弦不會繃得太緊或太鬆的狀態也是最好的狀態，同樣的，衆人一定要走向緊張、努力與怠惰之心恰到好處的中道之路。

但是，即使走「中道」之路，一旦到達時，不見得一切都結束了。

我最喜歡的一句話是「說一物即不中」。就是中國禪語錄『傳燈錄』中的一節，慧能禪師在其參禪的南嶽發表領悟眞理內容時說：「當我們說『眞理就是這個』這句話的瞬間，眞理已經脫離了。」

也就是說，當我們的性格如果出現前述的偏向性時，首先就要加以改正，走向自己應有的中道（眞理），而在達到時必須「盡早脫離該處」。這個狀態佛教實存用語稱爲「即非」。換言之，即「中道」並非固定的「場」，而是「點」。

人類是不完全存在，具有偏向性的性格，因此，經常會產生「不可以輸給他人，一定要獲勝」或者是「任何事情都必須按照自己的想法來進行」，或者是「自己應該和他人一樣」的競爭主義、完美主義，或是平等主義，但是，如果無法超越這些想法，受到這些想法的束縛，無法產生滿足感，結果使壓力積存，有的人甚至會出現妄想病、歇斯底里，或是神經衰弱的現象。

身爲凡夫的我們，即使想要過著如聖人、君子般的生活方式也辦不到。那麼當凡人之心產生妄念時該如何是好呢？法然上人對於這個問題建議衆人「念佛」來解決。

把自己的一切投入佛中，一心一意念佛，就會察覺到自己不完全具有偏向性，藉著佛的本願就能夠回到本來的自己。對於在人生中沒有遭遇過挫折，動不動就抬出知識和道理的現代人而言，「佛眞的存在於另一個世界嗎？念佛眞是蠢事」，一笑置之。

法國的思想家──帕斯卡則說：「神對於想要試著找祂的人，例如：不知道神是否存在，而想要去探索的人，神會隱藏祂的姿態。但是，如果打從心底向神祈求的人，神會出現在他的心中。」

佛教詩人相田則說：

在長久人生中

總會有不如意之事

這時只要念

「南無阿彌陀佛」

以這種謙虛的胸懷凝視自己開始念佛時，佛才會出現在我們的眼前。

幸福的親子關係

對父母而言，自己的子女最可愛，會一直擔心他們的將來。而子女不管了解親心與否，最後會離開父母的身邊，正式飛翔到外面的世界去。有時會違背父母的願望或期待，一心一意想要獨立。

如果說這些子女眞的能得到幸福的話，父母也會原諒他，高興的在旁守候著他。即使結果子女遭遇到了不幸，也是子女自己種下的因果，責任不在於父母身上。

儘管如此，父母卻不能放任不管，會產生自己自責之念。

對於父母的心情，中國的詩人白居易在『燕詩』中敘述的內容如下：

「樑上有二個燕子做巢孕育四個小燕子，而日夜尋求食物的雛鳥，使得母鳥拼命的去捕捉青蟲來餵食牠們。但是雛鳥卻貪得無厭。三十天之內，母鳥瘦了，雛鳥肥了，最後雛鳥隨風飛向四方，而思念孩子的母鳥卻無法成眠，每天哭泣。」

最後還說：

「燕子啊！燕子啊！不要悲傷。想想你在雛鳥的時候，離開父母飛去時，父母的心情，今天你總算知道了吧！」

這對父母而言，自己親手帶大的孩子，當然希望他會一直留在身邊，但是，子女卻會無情的離去。這種情形是人類歷史中反覆出現的情況，直到今日。而在這之間，所產生親子間的紛爭也是不勝枚舉。

尤其最近對父母而言，養育子女成爲理所當然的責任與義務，子女成人之後，不須要照顧父母的老後生活，邁入老齡化的社會以後，老去的父母被子女視爲是垃圾，最後被拋棄。

對父母而言，並非是希望子女能夠照顧自己而養育子女，但是，在精神面和生活面如果被子女拋棄，父母的悲哀誰能了解呢？

對子女而言，反叛父母的第一步，就是違反父母意見的宗敎信仰或是結婚。達到法定年齡，長大成人的子女，在新民法的規定下，無須得到父母的同意，可以按照自己的意思以及得到對方同意之後，自由的信敎或者是結婚。而對於這些行爲，父母並沒有加以撤回，或是任何的法律約束力，只能夠袖手旁觀而已。可能對子女而言，認爲這樣做才能夠使自己得到解救、得到幸福，但是，擔心子女未來的父母會不斷的想要說服他，然而子女卻充耳不聞。

有一陣子，加入震撼世人的新興宗敎之孩子們集體離家事件及婚姻問題等，使得子女的父母結成受害者聯盟會，尋求法律途徑對抗宗教團體，可是因爲無法確認宗教團體是否爲了得到信徒，而利用詐欺、誘拐、監禁、脅迫或拷問、洗腦等暴力手段，因此無法帶回自己的子女。

違反父母的意願結婚也是同樣的情形，即使父母反對，可是卻無法阻止的兒子或女兒和任何人結婚。這時做子女的如果能夠體會到父母萬分之一的悲哀，則在親子的談話中也許能夠產生妥協點，但是，雙方的感情產生糾葛，鴻溝不斷的加深，甚至有時必須要斬斷親子的緣分。如果子女要捨棄自己的父母，信仰自己的宗教或者是結婚的話，則爲了實現自己的理想而離家出走，在法律上必須要放棄父母的遺產繼承權。

最近，因爲這種親子關係斷絕問題而煩惱的人增加了，可是，卻找不到該向誰傾訴，該如何解決的方法。

親子關係斷絕的情形到處可見，就是因爲夫妻共同在外工作的結果，將教養子女的責任交給學校的老師，而出現了「鑰匙兒」，孩子從小就被父母擺在一邊，當然親子之心距離越來越遠，無法進行意見的溝通。

親眼看到父母辛苦的孩子不會變成不良少年，會對父母盡孝。佛教詩人坂村眞民的父親不到四十歲時就留下五個孩子而死去，母親當時三十六歲，後來她含辛茹苦的將孩子養大，親眼目睹母親辛苦姿態的坂村，寫下了『只要念她就會開花』這首詩。

痛苦之時
母親口中經常會
說著這句話
不知從何開始
我也這麼說
而每一次
我的花會神奇的
一朵一朵的
綻放開來

雖然許多人指出我國親子關係齟齬的原因，有的人認爲父母對子女過度的溺愛，或者是過剩的期待，將子女視爲所有物，有的人則認爲是子女對於父母過度的撒嬌，家庭間親子的溝通不夠等等。

此外，還有經濟的問題。以前建議結婚之後，還是要和父母同居，不過親子和婆媳之間卻產生了不必要的摩擦。

在這一點上，歐美各國傾向於個人主義，因此親子間的依賴度較少，建議孩子盡早獨立，成人結婚之後，和父母分開來居住是理所當然的事情。這種親子的理想關係則是父母在週末休息之時，可以去孩子家中拜訪一起吃飯，有時女兒住在年邁父母的附近，可以做湯送給他們。

即使受到基督敎影響的歐美諸國以及受到儒敎影響的中國和韓國，直到現在仍然保持父母的權威，儘管子女對父母所說的話不會絕對的盲從，但是，還是會重視父母的存在。

因此，一定要基於信念做自己在這個世間應該要做的事情，則有心的孩子對父母的行爲一定會在背地裡給予好的評價，抱持尊敬之念。

所以「子女不是做父母所說的話，而是模仿父母所作的行爲。」也就是說子女會看著父母的背影而成長。對父母而言，眞正悲哀痛苦的事情並不是與子女分開來居住，而是子女不了解親心與自己的社會立場和責任，只尋求自私自利的幸福而已。父母的願望，應該是自己一生之間所培養的有形、無形遺產，可以留傳給下一代，代代相傳，完成自己父母的使命，然後喜悅的踏上死路。

道元禪師在『學道用心集』中曾叙述：「諸佛的慈悲、衆生的哀憫，不爲自身、不爲他人，爲佛法之常。」因此，如果親子之間都要得到幸福的話，則相對的愛必須昇華爲如佛的絕對慈悲，互相慈愛才行。

充滿安心與希望的人生

我們在年輕、健康的時候，通常會忙於工作或生活，休息的時候，則會唱唱卡拉OK、做做運動、看看電視的娛樂節目，過著有趣可笑的每一天。但是，無法戰勝年齡，體力逐年衰退，不知不覺中病魔纏身，等到身體變差，及醫師診察時，醫師說：「你罹患癌症，已經太遲了。」就好像是接受了死亡的宣告一樣。

對於老後的經濟感到不安，而面對死亡以及死後的恐怖和不安如何加以解決，是人生最終的問題。

在還沒有到達這個地步之前，我們只注意到自己活著時的一切，就好像江戶時代的太田蜀山人所說的：「死亡是別人的事情，我無法忍受死亡。」一樣，當然知道自己即將面臨死亡，時會感到恐懼及不安。

即使科學技術文明發達，能夠解決自己的死亡以及死後的問題的，只有世間的宗教而已。

「爲什麼只有我罹患難病，非死不可呢？」或者是「死後自己到底會變成什麼樣子呢？」對於這些問題無法以科學的因果關係來充分加以說明，這時就輪到咒術或宗教來發揮作用了。咒術及宗教同樣的也意味著個人的幸或不幸，但是，咒術始終討論以自我慾望爲主的因果論，這一點和宗教不同。

宗教是從以自我爲主的慾望之絕望而出發的。而且像這種個人死亡及死後世界的意義，是在地區或家庭等命運共同體的傳統習慣之範疇內進行，而我們將身心加於此處，才能夠消除恐怖與不安，就像自己每年都會看到對於祖先鎭魂慰靈的祭祀在各村或家中進行，而自己死後也會加入他們的行列當中。美國的宗教學家艾里亞迪曾說過：「永劫回歸」，也就是說自己的存在能夠一直流傳到後世的安心與希望。

但是，由於都市化、工業化，而使得地緣、血緣社會不斷的瓦解，再加上少產少子的小家庭化，不管是誰都認爲自己死亡以及死後沒有人能夠照顧一切，到了這個地步，自己的幸或不幸，或死亡的意義已經屬於是個人的了，因此，很多人尋求咒術或迷信，希望能夠得到安樂死或尊嚴死等瞬間往生的福氣。

以往的佛教，尤其是淨土教，爲了從衆人對於死亡及死後世界的不安及恐懼中解救衆人，因此給予它宗教的意義，有時候會依照傳統習俗來進行咒術或迷人的儀禮。那麼，本來淨土教所說的死亡及死後的相關宗教意義爲何呢？我不是宗教學者，因此無法找出基於宗義的答案，所以不願意自行解釋。

我們知道「爲了到達阿彌陀佛的世界，極樂往生，必須要念佛」。那麼「什麼是阿彌陀佛？」「什麼是極樂往生？」「什麼是念佛？」宗學者們的傳統解說無法使我了解，因此，我感到非常的懊惱。但是，我察覺到這種追根究柢的想法，事實上與宗教沒有什麼關係。可能是知識好奇心旺盛的現代人（我也是其中之一）認爲如果不是客觀去證明的說法，就不加以信任的緣故吧！

如果不能夠按照自己的智慧來了解，就會認爲「那是不可信的」，當然什麼都相信不是很好的事情。但是面對自己的死亡，或死後會變成什麼樣子的最後問題，在這個主觀事實當中，必然就會產生「阿彌陀佛」及「極樂往生」和「念佛」。

也就是說，我們必須要相信這些必須要靠自己的力量才能夠得到，能夠實際感受到其作用，對不具有這種體驗的人，即使你親切仔細的說明「只要你這麼做，就會相信它實際的存在」，恐怕對方也無法相信。此外，就算是相信，但是無法搖身一變爲具有特別超能力的人，像這種相對的倫理價值觀與宗教價值觀，完全是屬於另一次元的問題。

法然上人以前的宗教——佛教是土著的民間宗教，我們爲了接近神佛得到解救，須要素食潔齋，同時累積善行，還要有知識，而能夠辦到的人只是一些少數的特權階級而已，而且其行爲沒有任何的界限，因此上人認爲不須要任何的苦行、作善或禁忌，不論男女老幼、賢愚、貧富沒有差別，只要大家都擁有凡夫的自覺，念佛就可以了。這可說是一種革命性的教誨。

人類的能力有界限，即使在這個世間努力修行也是不夠。但是，不是說既然這樣就不要努力了，我們活著的時候所累積的知識，不管你知不知道，可能都會對周圍的人造成困擾。

此外，人就算不想生病也可能會生病，就算不想死，也必須要死，面對這些問題，當然有一些是科學技術或醫學可以解決的部分，但是最終還是要靠自己的力量來解決才行。知道這個事實的時候，法然上人對照自己的體驗，認爲「爲了往生極樂，不可懷疑南無阿彌陀佛」。

仔細想想，我們在這個世間的存在，先是無一物，然後到現在這個世間，就好像寄生蟲一樣，是居於客位，可是我們卻好像主人一樣任性而為。

事實上，我們在世間所得到的任何財產、名譽，不可能永遠放在我們的手上，我們只是有自由使用的權利而已。自己的姓名或頭銜等都是不具實體的名牌，等到到另一個世界去之時，全都要留在這個世間，以無一物的型態離去，這些只是在這個世間暫時給與自己的租借品而已。

而這個事實在七世紀時聖德太子就已經提出，「世間虛假，唯佛是眞」的說法，看清楚了這一點，現代將棋名人——升田幸三也說：「身體、金錢、頭銜全都是借來的，實在的只有個性而已。」

就算你想執著於擁有這些財產或名譽，想要努力增加這一些，可是，還是會擔心它會消失而感覺不安。

事實上，在這個世間我是客，這些財產和名譽只是借來的，有沒有都無所謂。問題在於我生在這世間，對於自己所得到或借來的東西必須要負責任，必須要為了自他活用這些東西，等到緣盡之後，離開這個世間之時，一切都要歸還。

我們只是到這個世間來走一遭，然後就死去了，如果我們自己以及借來的東西在死後一切都歸於無的話，如果我們在這個世間草率的度過，則面對死亡時會感覺到絕望，而且在這世間會留下留戀、憤怒與怨恨而死去。

如果能夠活用自己在這個世間所借來的珍貴的生命，以感謝之心活著，而等到抵達另一個世界時，一定充滿安心與希望。對現代人而言，神佛的存在和死後的世界、醫師的宣告或朋友的安慰、鼓勵等，我們都不相信，甚至已經到了連自己都不相信的時代，雖然很多人在獨處的時候，在房中會有一種孤獨、寂寞感，對於死亡產生恐懼與不安感，但是在自己的身體可能到處插著氧呼吸器或點滴、排泄器等的管子，沒有任何人照顧，經過痛苦的折磨，迎向臨終之路。

今後的世間，衆人將會更爲遠離個人的死亡，或者是想要忘記這種死亡。儘管如此，死亡不會消失依然存在，不必期待現代人還有以前傳統的習慣、近親人會照顧你，必須要靠自己來解決自己的死亡和死後的問題。

在無人可以依賴的狀況下，你能夠不哭泣、不發牢騷，以毅然決然的姿態走向死亡之旅嗎？如果你能夠做得到的話，那眞是太偉大了，也許你根本不需要宗教了。但是很多人包括我在內，恐怕都不能忍受這種孤獨，因此需要向宗教求救。

鎌倉末期的兼好法師在『徒然草』中，評論法然上人的宗教，他說：「認爲往生是一定的人是一定，認爲不定的人是不定。」所以，是否要向宗教求救全看你自己。

我自己在何時、何處，會有什麼樣的死法，一概不得而知，如果回顧以往的話，發現自己的一生中因爲能遇到法然上人的宗教而感到非常的慶幸，昔日充滿牢騷不滿的我，能夠培養出這種心境，一切都要感謝佛恩，對以往教導自己的許多人以及天地自然充滿感謝之心。

但是，擔心的是得到周圍衆人這麼多的照顧，爲他們帶來這麼多的煩惱，卻無法報恩於萬分之一。

感覺自己罪孽深重，覺得可能自己死後，閻羅王會讓自己下地獄，然而上人卻說：「不論罪的深重，只要念佛就能往生。」（『四十八卷傳』）相信這句話，在所剩無多的人生道路上努力做使佛高興的事吧！

第三章
現代人的佛教生活方式

一、擁有人生感

昔日有句話說：「擦肩而過都是多生緣。」我們會因為遇到一些人或事件而改變自己以往的人生觀或生活方式。如果沒有這種神奇的緣份，也許終其一生都不會相遇而無法改變自己。

即使相遇，如果是普普通通的相遇，心靈也不會動搖，只是擦肩而過而已。

例如：佛祖在年輕時，偶而從居住的城中走到街上，看到那兒有很多奄奄一息的老人或病人，及許多的屍體堆積如山。因為這些相遇使他發現以往沈醉於榮華中的生活，絕對不是人類眞正的生活方式，感覺到世事無常，因而出家摸索解救自他之道，終於成佛弘揚佛教。

其教誨是「見緣起者見法」，也就是說這個世界一切存在，都是由緣起者相依相關之關係成立的，絕對不是孤立固定的。

易言之，看到緣起的法則，了解領悟緣起法則的人，才能眞正體會到法，也就是眞理。

世間就是由這種法則性成立，但是很多人沒有察覺到其事實，因此佛祖說：「許多人沒有辦法悟道，只是在悟道的岸邊走著。」（『法句經』）此外，他還說：「愚者即使一輩子侍奉賢者，也不知匙中湯的味道，不知眞理。」（同上）

不管你知不知道眞理的存在，但緣起的法則仍然發揮其作用，不是說知道以後，自己的壽命就能延伸，或者是賺到錢，但是，如果知道緣起的法則，則以往貪婪、無知、可恥的世界觀和人生觀就會改變。而且，知道我們是藉著很多人以及自然恩惠才能夠活著，能夠察覺到生命的珍貴。

我以前曾經遇到一位中年男子，他住在福島市郊外的殘障者福利機構，才使我了解到世間有這麼多的不幸。這個人因爲小時候遭到意外事故而失去了手腳，而周圍的人都嘲笑他爲「不倒翁！不倒翁！」而他自己則若無其事，每天用口叼著鐵筆，作切割板子的工作，每天都過得很開朗。看這個姿態，我非常同情他。他說：

「很多人看到我都會同情我，但是我無法擁有四肢健全的身體，這也是無可奈何之事。我非常感謝你們的同情，然而請各位不要誤會了，我的生活的確不方便，卻並非不幸。由於機構內的人照顧我，而且我這樣工作，所以每天都可以吃到美味的飯，很有精神，且能夠開口說話，住在隔壁女子機構的人，有一些無法說話比我更不幸，即使她們看到美麗的景色，卻不能夠開口說道：『好美喔！』就算再怎樣討厭的事情也不能說出感嘆的話語。與她們相比，我的確是個幸福的人，所以，我不會隨便發牢騷。」

他的習慣是早起時要對於今天能夠活著表示感謝，朝向日出的方向大叫三聲：「今天我要努力喔！」每當我在人生路上遭遇挫折時，我都會想起這個人的生活方式，就好像我自己在心中叫道：「今天我要努力喔！」結果討厭的事情都消失了，希望大家在人生中遇到挫折時，你就當被騙好了，可以大叫著：「我要努力喔！」相信你一定會得到鼓勵及安慰。

如果我沒有遇到他的話，我永遠沒有機會知道他的生活方式，而且也無法從他那兒得到啓示，但是，見到他，只不過是聊天，卻對我的人生造成極大的改變，事實上，這也是使我以往誨暗的人生綻放光明的轉機。

由於我國經濟繁榮之賜，大家每天過著舒適的生活，可是，大家應該察覺到在這世間有很多人雖然沒有舒適的生活，卻能認眞的過著自己的人生。

我們眞的能夠認眞的過每一天嗎？

遺憾的是，以我國的現狀來說，對自己或對他人都會隱蔽認眞的言行，也就是說，如果太認眞時會被別人嘲笑：「眞愚蠢啊！」害怕形成不良的人際關係，因此不敢表露眞心，有的人說酒後吐眞言，這就是說可以用來掩飾萬一失言或失態時，當成藉口的好例子。但是，我覺得我們不應該過著這種馬馬虎虎的生活方式，今後必須要擁有眞正的人生感，面對事物時隨時保持認眞的態度才對。

二、滿足、感謝

世間有各種不同性格的人，有的人每天都過得很快樂、很開朗，有的人每天都過得很悲觀、很憂鬱的生活，當然到底要走向什麼的人生是個人的自由，可是如果不知道該如何生活的人，對周圍的人可能造成影響或者是困擾。

每次遇到我的朋友時，他都會感嘆自己的不幸，發牢騷，搏取對方的同情，如果別人聽他說話，他會很高興，如果別人不理他，他就會責罵對方。

剛開始時，我也覺得他是「不幸的人」，而同情他、安慰他，周圍的人希望他能夠脫離這種不幸的狀態，但是，經過幾次以後，大家覺得他「這個人啊！只是期待他人的同情而已」，漸漸的根本就懶得去聽，甚至「隨便他算了」，敬而畏之。而他自己變得越來越不滿，就好像被趕入窮巷似的，必須要過著黑暗的人生。

反之，如果一個人客觀的認為自己走在不幸的人生道路上，卻不會因此而不滿，表面上若無其事，對人生樂觀，讓他人佩服你是「好幸福的人喔！」但是，實際上發現你遇到了不幸的事情，卻仍然裝作快樂的樣子，會覺得很不可思議，認為「怎麼會這樣呢？」

事實上，我們都會採取其中的一種生活方式，當然這與個人的性格或心靈有關。昔日，我停留在美國時，曾過著誨暗的人生，每天遇到的都是不順心的事情，經常發牢騷，看到周圍的人都覺得他們很幸福、很羨慕，而覺得自己「為什麼這麼不幸呢？」覺得很難過，可是，後來我發現周圍的人有些比我更不幸，卻過著開朗的人生，使我覺得非常的羞愧。

就在此時，我想起了法國思想家帕斯卡爾的「人生是賭博」這一句話，以及法然上人所說的：「應該念佛過日。」

先前帕斯卡爾的話並不是指說神存在或不存在的問題。而是說賭一賭「神存在」

或「不存在」，對本人而言是否爲有意義之事，到底要賭何者是能自由，但是，如果是賭「存在」，則在與神的交會中就能得解救。而如果是賭「不存在」，認爲自己過著任性的人生，得到幸福的機率更高的話，那麼你就做這種賭注好了。

此外，念佛也沒有什麼好壞，要相信法然上人所說的：「念佛得到幸福。」每天過著念佛三昧的人生，比不這麼做能夠過著更有意義的人生。

換句話說，如果每天都不順心，充滿不滿，而過著「誨暗的人生」，還不如向「光明的人生」賭一賭，相信人生眞的是「光明的人生」。

就像古代的道歌所說的：「看上面　有無數的信心　看下面生活　沒有信心。」或者是「覺得不夠，覺得不夠，是因爲心靈不夠。」。易言之，與其一直埋怨不滿足的狀態，還不如在適當處感覺滿足，感謝到目前爲止所得到的一切，心靈才能夠擁有餘地。

我們不會說：「這樣就夠了。」得到一樣東西之後，還想要得到另外一樣東西的慾望一定會湧現，但是不斷的尋求下一個目標，永遠無法到達滿足的狀態，終其一生都不滿足。

最近我們得到高度經濟成長的恩惠，生活水準提升，只要有錢，想要的東西都能夠得到，但是還是覺得「不夠，不夠」，感覺不滿足，對於所得到的東西，也不能擁有感謝之心。

小說家丹羽文雄說過：「理所當然的想法，無法湧現感謝之念。」如果把所有得到的一切都認爲是理所當然的，就無法產生感謝之念，但是，在這世間我們所得到的，哪怕是一些小東西，都是天地恩惠以及他人汗水結晶所形成的，即使有錢容易得到。如果把它視爲理所當然的話，那麼對於製作的人所給與的東西，不會感到喜悅，對於得到這個東西的本人而言，也不會產生感謝之心。

如此一來，不管是誰都不會高興，只會馬馬虎虎的過日子，只會讓物物交換，無聊的人生空轉。因此才會感嘆「人生空虛」。

三、該如何獲得幸福

我認識的一個朋友七十三歲死去。這個人在戰場上馳騁，戰後從身無一文開始再出發，不斷的努力工作，終於擁有幾十億財產，雖然世人看他是有錢人，他卻絲毫不在意。

他常說：「金錢是人生的一切，只要有錢就能得到喜歡的東西，別人也會靠近你。金錢的裂縫就是緣的裂縫，如果沒有錢，誰也不會理你。」平常的生活非常的儉樸，不會做不必要的浪費，每天看到賺進大把大把的鈔票，自己一個人就會高興的微笑，用錢買土地，使財產增加。

他認爲値得依賴的只有錢而已，並未好好的照顧家庭，子女長大成人之後很快離開他的身邊，與家人並不親近。即使年紀大了，也沒有任何的興趣，從早到晚只是想到賺錢而已。

但是，前些日子他死去了。在遠方的孩子們知道父親猝逝的消息，趕緊趕回家，徹夜進行法事，而我也在座。

法事結束時，與會者全都一起吃飯、喝酒，在席上聽到爭吵的聲音，原來是孩子們對於分遺產的事情意見不合，而產生了爭執，周圍的人不斷的勸解，總算沒有引起大紛爭，但是，卻讓我們思索到底這位父親不吃不喝，拚命賺取財產，他的一生是爲了什麼呢？然而在眼前已經成爲遺骸的父親，看到了子女們的爭執，不知作何感想，但是，仔細想想有這樣的父親，才有這樣的子女，對於父親的死不感到悲傷，只是注意到財產的問題，這並不能光是責備子女的這種表現。

以往不顧家庭，放任子女不管，拚命努力蓄財的父親也有責任。堅定的相信「只有錢才是人生的一切」，因此不惜犧牲自己和家庭，不斷的努力蓄財，也許得到了某種程度的成功，可是失去的代價卻更大。

蓄財只是人生的手段並非目的，而這位父親在生前應該要早點察覺到這一點。這絕對不是他人的事情。即使在這個世間擁有再多的財產、地位、頭銜、名譽或權力，但是不可能帶到另一個世界去，全都要留在這個世界，兩手空空的到另外一個世界。不管是否知道這一點，人們還是追求這個世間的一切，有時甚至不惜踢掉對方，爲了滿足自己的慾望而拚命，這也是實情。只注意到眼前的利益，而產生了類似政治官員貪污瀆職的事件，或者是爲了得到保險金而殺害他人的事件，這類的事件不勝枚舉，而這也只是冰山的一角，而在每天的報紙和電視上陸續報導的強盜、殺人、貪污瀆職的事件等就是如此的。

這些事情不是現在才開始的，即使時代和場所變遷，人類生存經常會遇到這樣的問題，我們自己會苦惱，而每天過著哭笑的人生。

如何才能從這些苦惱中解脫，過著幸福的人生呢？隨著人智的發達，許多人以往一直向宗教、科學、政治、經濟尋求解救和解決的方法，的確也許我們從這些方面直接或間接中得到許多的恩惠，例如：想要信仰的話，手邊就有很多的宗教團體和神社佛閣，可以讓你前去商量、祈禱。

得到科學恩惠，進入我們的生活，勞動時間跟勞力縮短，變得更輕鬆，住在有舒適的冷暖氣設備的住宅，開著車到處跑，醫學發達之賜，在良好的醫院及設備下接受治療，能夠長生。藉著政治制度之賜，能夠確保治安及言論自由到達某種程度，同時也考慮到了人權和福利。

雖說經濟活動不景氣，但是並未停滯下來，只要有錢的話，想要的東西都可以得到，方便的東西全都齊集一堂，環境完善，在物質方面的確過著很好的生活，但是，我們精神眞的能夠因此而得到了幸福嗎？

很多人有比以往更多的煩惱與苦悶，捲入紛爭的漩渦中，束手無策，無人可傾訴，鬱鬱寡歡的過著每一天。

那麼，到底該怎樣才能擁有眞正幸福的人生呢？這時就輪到佛教登場了。

談到佛教，一般人聯想到的是老舊的寺院、供奉在寺院中的佛像，穿著素衣的僧侶，以及僧侶誦經的樣子，看似與我們的生活沒有直接的關係，而有機會直接注意到佛教的情形就是葬禮和做法事及觀光時，事實上，我自己過去也認爲它是一種文化財的意義。但是，脫去古色蒼然的表皮之後，發現裡面竟然隱藏著能夠使活在現代的我們得到幸福的具體教誨，令我感到很驚訝。

距今二千五百年前，在印度活躍的佛祖歷史人物，開創了佛教這個宗教，但不像現在世間人所想的，要絕對相信其教義，必須要歸屬這個宗教團體，才能夠得到解救的偏狹想法。

佛祖說：「自燈明、法燈明。」建議衆人以法（達摩）爲主，自己找出生活的道路。佛祖自己也依據這個法，而成爲先驅者，不像其他宗教的開祖一樣是權威者的存在。

法是指包括人類在內，構成整個宇宙的理法，並不是以宗教而言之佛教的獨佔物。但是，雖說與宗教無關，不管你相不相信，它仍然會發揮其功能，只要按照法生存，則人類眞的能夠走向幸福的道路。所以佛祖所說的佛教並不是他自己所建立的一種意識型態。

在這世間所有的一切都會變化（諸行無常），不管任何一種本身是不存在的（諸法無我），只是在一個生成發展途上而已。藉著理法（法則性），佛教稱爲「緣起的法則」。易言之，這個世間的事象全都會因爲原因或條件而生滅，所以不能夠扭曲法則，這種相互性或關係性與科學因果的法則合成同一軌道，因所有的原因與條件而產生結果。因此所謂「自業自得」，如果齊備良好的原因和條件，就能產生良好的結果，如果聚集不良的原因和條件，就會造成不良的結果，按照緣起的法則，我們應該要採取能夠產生良果的「如法」的生活方式。

四、對內對外態度的功過

有些人只有對外人會表現出體貼的一面，而對於自已的親友卻變得冷酷無情。事實上，這種雙重人格的生活方式，在我們的社會生活中，或多或少都會無可避免地出現。

如果在家庭內外，展現同樣態度，那當然很好，但是，事實上對外人即使內心非常討厭他，也必須要笑臉迎人，盡量避免損傷對方的心情，以免導致人際關係不順暢，最後爭執分手。如果你認爲這樣子無所謂的話，那當然無所謂，但是，對於處於公正立場的人或者是生意人而言，倘若不觀察對方的心情，只按照自己的想法去做的話，會造成致命傷。

太過於注意對方的想法，因此，等到回到家庭中時，家人成爲你渲洩在外受壓抑的不平和不滿之出氣筒。

但是，對於家人而言，經常成爲你渲洩氣憤的目標，當然他們也無法忍受，「爲什麼爸爸對外人都表現出很親切的態度，可是回到家裡以後就變了個人，非常的冷酷呢？」有些人會既羨慕又不平的發牢騷，這種心情我能夠了解。

在外面的不平、不滿在自己的心中處理，不要帶回家是最理想的，但是，如果回家以後，在家庭中還是無法放鬆自己的心情，等於是在外面緊張的延長，想說的話沒有可以說出來的場所，恐怕自己都會討厭這麼無趣的家庭，而在回家的途中，跑到酒店去喝一杯，或者是跑去賭一把。

我平常尊敬、非常憧憬的某位著名的佛教學者，前些日子因病去世了。他隨時穿著整齊的服裝，說一些具有說服力的話，可以說是名實相符的高貴紳士，每次見到他時，我在內心裡都期盼「希望像這位先生一樣」。

但是，參加葬禮時，喪家的妻子在謝函寫著：「丈夫非常任性，平常爲各位造成困擾，眞是抱歉。」令我嚇了一跳，因此，心中發出了會心的微笑。心想「像先生這種偉大的人，在外具有很好的人格表現，而在家庭中卻也是個任性者，畢竟任何人都會有對內、對外的不同態度吧！」

藉著有糟糠之妻及賢妻良母之稱的忍辱負重之家中妻子之賜，男性才能夠自由的揮灑，在外保持體面，但是今日男女同權的風氣很盛，回家之後，不僅無法耀武揚威，反而害怕妻子生氣，過著戰戰兢兢的每一天的人非常多，甚至有的妻子會指示丈夫做這做那，下達命令，這樣的女性也不少。

歐美等先進諸國已經討厭這種互相產生爭執的家庭，因此有些男女一生都過著單身的生活，此外，婚外情、同性戀者增加，已婚者之間離婚或分居，或者是有婚外情的情形不斷的增加，孩子們看到夫妻之間的爭執，因而陸續出現了許多的不良少年，家庭的毀壞成爲社會問題。

我國遲早要面對這樣的問題，這已經是非常明顯的趨勢了。因此，像昔日一樣對內態度不佳、對外表現良好態度、保持體面的雙重人格、生活方式，現在已經不被允許了。

今後，家庭內所有的人即使對外或對內態度不好，可是也不能夠將自己的不滿或鬱悶轉嫁給他人，或朝內發洩，不管在任何地方，不管對任何人都必須要能夠坦率表達自己的心情，要努力創造這個通風良好的環境才行。

五、金錢是人生的一切嗎？

為了得到想要的東西，因此去偷別人的錢，結果被發覺，遭警察逮捕，而一生沒有好下場，像這樣的例子時有所聞。對本人而言，在被捕之前，完全沒有罪惡觀念，根本無法想像為什麼自己會遭遇如此悲慘的下場，的確如果有錢的話，能夠得到想要的東西，會有很多的好事出現，這是事實。

但是，這是以正當的手段去得到，如果用不正當的手段得到的錢無法得到幸福，不過，很多人認為即使如此，也能夠得到幸福。

最近NHK的『中學生日記』電視節目播放了一齣「錢」的戲劇。發現從父母到子女都認為金錢是人生的一切，了解這種想法令我啞然失笑。

播出的畫面是親子三人構成的普通家庭，父親是上班族，母親打工，全家人一起圍著收音機聽股票漲跌的情形而一喜一憂。唯一的兒子是就讀國中，經常會將漫畫或是東西帶到學校去賣給朋友，賺取零用錢。

有一天，這個學生將舊的錄音帶賣給同學，結果發生了紛爭，級任老師知道這件事以後，下課把他叫到辦公室說教。

「為什麼這麼想要錢呢？人生不只有金錢而已呀！」這時他說：「老師，可是有錢就能買土地，可以興建住宅。如果有錢就能獲得人類的幸福啊！」

女老師說：「不對的，人生無法用金錢買到。」

這時學生笑著說道：「老師，雖然妳能說出這麼冠冕堂皇的話來，但是，妳不也是為了賺錢才到學校來工作的嗎？」

「不是的，老師是因為喜歡教書才到學校來的。」

「就算喜歡教書，你可以在自己家裡面開補習班，只要教學生就可以啦！」

老師想了一下子說道：「但是學校的生活重視的不是金錢，而是友情以及人類體貼心的培養。」提出忠告時，學生卻加強語氣地說：

「老師，妳覺得在班上也有這種體貼的表現嗎？即使有人受到欺負，大家都只顧自己，沒有人去幫助他。妳覺得有友情嗎？不懂的地方詢問同學，卻沒有人願意教導。」而老師也一陣愕然，愁眉不展，於是學生說：「老師，如果沒事的話，我先走了。」哼著歌回去了，整個戲就此落幕。

聽到兩種對話，不知道你有什麼想法。的確，在生活上金錢是必要的手段，但是如果把它當成人生的目的，可就糟糕了。

如果是我的話，我會對這位學生作以下的回答：

「雖然你說有錢的話，就能使人類得到幸福，但是，你因爲年輕健康才能這麼說，如果你生病、生命萎縮，我想你就不想要錢了。倘若用你的生命來換一億元的話，到時候得到錢，你卻死去，那又有什麼用呢？」

換言之，自己的生命比錢更重要，錢在生活上非常重要，但是沒有比生命更重要的東西了。

「有的人即使有錢，但是在活著的時候想用卻不能用，有的人雖然賺了很多的錢，卻不能帶到另外一個世界去。當然有錢比沒錢好，但是，必須要有效的使用，才能夠產生金錢的價值。如果只爲了滿足自己的慾望，而使用會令他人覺得困擾或哭泣的不正當手段得到了錢，這種任性的人，世間沒有人會理會他。假如你覺得無所謂，想要放手去做你想做的事情，但是你對自己所做的事情一定要負責任，絕對不能夠後悔。」

某些人一切都考慮到自己，以及自己親人的利益而努力。但是眞正豐富的人生是在從他人和社會得到許多東西的同時，也要自動的給與他人和社會一些貢獻。不要光是想到奪取他人的東西，這樣就好像動物一樣。如果無視於義理、人情或羞恥的話，那當然可以輕易的去奪取他人的東西或者是賺錢了。

但是如果你認爲做了這些事情，自己能夠得到幸福的話，那麼你就想錯了，因爲我們不能光靠自己而活著，我們是接受許多人和社會的恩惠而活著的。自己所得到的東西一定要還原到該處，即使蒙受一些損失，也要能夠接受，有時候必須要有能夠抑制自己慾望或自由的勇氣。

只要自己好，不管他人想法的任性想法和行動，絕對沒有辦法產生一個互助合作的和平社會。

六、柔弱人類的存在

我們是靈長動物，自認爲比其他的動物更優秀的存在，擁有聰明的頭腦，甚至能夠製造到達月球的機械，不輸給周圍的環境，加以征服，具有改善環境的能力，自認爲是強力的存在。的確，製造科學文明的人類能力非常的大，我們藉此能夠過著舒適的生活，不可否認的這是優點，但是不能因此就認爲是強力的存在。因爲，哪怕是受了一點小傷都無法忍受疼痛引起大騷動，或者是在意別人所說的壞話，以及傳播的謠言，甚至夜晚都無法成眠。

可是，如果承認自己是懦弱的存在，就會受到他人的輕藐，或被一腳踢開，所以，必須要表現出自己堅強的存在，對於周圍衆人虛張聲勢，這的確是可悲之事。

對於科學文明未發達時代的人而言，站在大自然的威猛之前，必須承認自己的無力，只能夠屈服、祈禱而已。但是隨著科學文明的發達，已經忘記了這種心情，過度相信自己的能力，認爲人類萬能。

許多思想家和宗教家對此提出警告，認爲人類原本就是會違反神的命令，不得不犯罪的存在。基督教有性惡說，而神道則主張人性本善，但是被出生後的環境污染而作惡的性善說。

總之，人類再這樣下去，會成爲容易墮落的存在，因此必須要了解自己是柔弱的存在，事前就加以防範，避免被誘惑，因而才產生了集先人智慧及經驗之大成的律法和戒律。

大部分宗教都會說：「不可以偷盜他人之物。」或是「不可以喝酒」等的戒律，因爲做了這些事情之後，知道對於本人以及他人會造成困擾，因而加以明文化，發誓要遵守這些戒律，所以這些律法和戒律對於意志堅強，能夠自己規律自己的人而言，似乎是不必要的，但是，對於意志薄弱之人而言，只要忠實的遵守，就能夠遏止人類脫離規範。

爲了自己或是世人做壞事，通常會提出的藉口是「生活之道，可是卻無法停止啊！」然而如果你能夠靠自己的意志制止自己的行爲，也許就不須要任何法律規範的枷鎖了，但是，遺憾的是我們必須要遵守這些規範。

在現代世界宗教中規範最嚴厲的宗教就是回教了，必須朝向聖地——麥加的方向一天拜五次，還有一個月的斷食日，從日出到日落不能攝取一切的固體物，回教徒在世界各地都會遵守這個規範。

我在美國留學時，在宿舍裡和來自伊朗的學生同住，每次到了時間，他一定會朝拜，有一次我半開玩笑的對他說：「這裡是美國呀！沒有人看到你做的事情。」他卻說：「神會看到。」不高興的回答了我這一句。「爲什麼要遵守規範呢？」問他時，他說：「我的意志薄弱，容易受到撒旦（惡魔）的誘惑，像我這樣的人須要規範，藉著等待向神祈禱的時間，能夠與神的心靈交流，聽神的訴說，就絕對不會遠離規範。」

的確現代國人很少深思，可以藉著祈禱與神佛進行心靈的交流。

七、青年啊！你們要有大志

最近金融經濟泡沫瓦解，景氣大大的後退，在政治、經濟、文化各方面，由攻勢轉爲守勢，國民本身缺乏幹勁，到處彌漫著褪色的氣氛。

有很多人認爲就是因爲以往以歐美先進諸國所走的路爲典範，想要超越而造成的，在某一方面突破了目標，已經沒有可以追尋的目標，才會發生這種現象。最近，由於和世界先進諸國的關係良好，因此，海外提出希望我國能夠擁有國際貢獻的要求，希望日本能夠援助ＰＫＯ或開發中國家的呼聲日益升高也是事實。

忽略這些來自海外的期待與要求，拼命逃跑，這是絕對不允許的作法，必須要有對應的態度出現才行。現在日本雖然可以進行經濟支援。但是是否能夠出現符合期待的人才，卻是一大疑問。

由於戰後教育和家族制度的改變，大多數國民不論老少都傾向追求私利私慾，而忘卻了對於國家的愛國心及對於社會犧牲奉獻的精神，只是徘徊在毫無目標的道路上，不知該如何是好。生活及工作本身管理化、分業化，在團體主義的名義之下，沒有個人價值，即使有實力，也無法充分發揮，因此缺乏「幹勁」。結果遭受到一連串的壓抑，最後就形成一種反抗的態度，造成無氣力、無關心的表現，會使得人才腐朽，眞是一種浪費。

現在我們的生活隨著與通信、運輸機構的發達，能夠立刻與國內外各地取得連絡，的確非常便利，情報過多，對於世界發生的事情反而毫不關心，很少人對於我國的立場產生危機感。

再加上政治、經濟、文化全都集中在東京，形成序列化，地方的人把一些事情交給中央政府的人去做，這種想法及構造似乎是已經固定下來了，的確這種中央集權化，使得日本在短期間內能夠有效的處理戰爭等危機，加速現代化，但是，這也是依賴他人的開發中國家經常出現的現象。

今日世界先進諸國已經進入地方主權時代，盡量減少中央的國家權力，而將其權利交給地方自治體或私人企業體。

進入國際通信交流的時代，中央、地方的物理差距消除，不管在哪兒都是能夠產生獨創思想或工作的場所及人，成爲文化、情報的發展基地，對全世界造成影響。

從這一點上，在鄉下安靜的自然環境下，能夠平靜下來思考工作，名實都有許多的優點。問題在於是否具有這種幹勁及實力。

仔細想想，我們在地球上任何一個地方，是自己所站之處就是正中央，在那裡沒有中央、沒有地方，也沒有都市、鄉下之分。昔日英國的社會評論家墨爾塔·巴吉波特就說：「人生最大的喜悅就是要做沒有你就辦不到的事情。」今日我們應該要擁有這種勇氣和自信去做，只有自己才能辦到之事。

八、佛物歸於佛

我們每天拼命努力的工作，存了很多的錢，負擔生活費，或者是以備不時之需。

但是，有的人光靠這些儲蓄不會感到滿足，希望能夠擁有更奢侈的生活，擴大財產，而不惜爲金錢奔走。

不只是個人，社會等企業團體也是同樣的，希望賺更多的錢，希望擁有更大的發展，有時候甚至使用不正當的手段，催促奮起。

有很多人像工蜂一樣，爲了賺錢，不斷努力結束其短暫一生。結果，的確能夠爲遺族留下些財產，可是這些遺產對遺族而言是不勞而獲的，不僅無法爲他們帶來幸福，反而會成爲紛爭的原因。因爲財產越多，基於累進課稅，國家會課以財產稅或遺產稅等重稅，爲了遺產和稅金的分配問題，繼承財產者之間展開醜陋的爭奪財產的紛爭。如果沒有造成紛爭原因的財產的話，遺族就能夠覺悟到必須走向自力更生之路，就更能夠互助合作，易言之，有了遺產反而會利慾薰心，各自主張權利，甚至不惜訴諸法律行動。

看到這種爭奪財產的姿態，留下遺產的「佛」（祖先）眞的會高興嗎？

生前留下遺產，死後卻成爲親人紛爭的原因，相信沒有人願意這麼做。爲了家中的人能夠擁有良好的關係，能夠得到幸福，而拼命努力工作留下了財產，但是希望繼承者能夠有效的加以使用，否則的話，這就是一種恩將仇報的處罰了。

成爲紛爭種子的遺產，如果能夠彰顯「佛物歸還佛」的念頭變換爲有形、無形的金品，捐獻給寺廟，也許會使佛更高興吧！如果不願意這麼做的話，對於遺產也該保持感謝之心，和家人一起好好的使用，這樣才會讓佛高興。

可能佛祖在世時，就已經親眼看到醜陋的爭奪財產之姿態。

他說過以下的話。

即使一個人得到莫大的財富，不能讓自己快樂喜悅，不能讓妻子快樂喜悅，不能讓奴僕、傭人快樂喜悅，不能讓朋友快樂喜悅，不能夠佈施給路人或婆羅門。財產不能正確的使用，就會被國王沒收、被盜賊偷走、被火燒掉、被水沖走、被自己不喜歡的繼承人爭奪，如果不能夠正確的使用財產的話，財產就會毀滅，無法充分享受。

同樣的，大乘佛教中觀派的學僧——寂天在『入菩提行論』中也敘述過：「到目前爲此，得到財富者很多，得到名聲者也很多。但是，沒有人知道財富和名聲到底到哪去了。」

如果這是事實的話，那麼蓄積超出必要以上的財產，想要留給繼承人，的確是非常愚蠢的事情。

俗語說：「衣食足而知禮節。」最近「衣食足，忘禮節」的人何其多呀！

即使留下財產，但是又不能有效的使用，也不能發揮其作用，不僅不會讓你感覺驕傲，反而會成爲好像「塵土」一般，財產越多，反而會因爲財產的減少而感到憂心忡忡，不能帶到另一個世界去的財產，我們卻一直到最後都想要多擁有一些，不知道厭倦。

九、體貼對方的重要

南斯拉夫的內亂總算告一段落了。最近，我經常想到和平的尊貴，以及互相體貼對方的重要，同樣是人類，卻互相傷害，互相殺伐，有一方獲勝，有一方失敗，而當事國衆人的喜怒哀樂，和人生的明暗一分爲二，不知道犧牲了多少人，以及造成多少經濟的損害。人類眞是只會做蠢事的動物啊！

不論是誰活在這個世間，都希望能夠過著幸福的一生，但是卻爲了一些小事而對立，甚至發展爲戰爭，互相謾罵、殺伐，這並不是人類該做之事，然而可悲的事就是現實不只是發生在一個國家間，甚至在我們的周圍大大小小，這些反目成仇或紛爭的事情絡繹不絕，而我們不論願不願意，都得捲入這種漩渦中，這也是一種現實。

我們眞的無法脫離這種紛爭之路嗎？

也許對立的當事者之間都有話說，一旦損益的利害關係明確之後，不論是誰都願意加入得到利益的一方，進行自我保存及發展，沒有人會加入遭受損害的一方。此外，爲了自我防衛，而不得不與對方發生衝突。

如此一來，就會產生一種追趕與被追趕的翹翹板遊戲，進行沒有原則的比賽。

昔日，中國孔子在世的時代，小國家、群雄割據，互相爭霸，不斷發生以血洗血的慘烈戰爭，孔子卻希望能夠消弭衆人的紛爭，及締造一個和平的社會，並將他的教誨傳給弟子們。

其中一個弟子子貢問：「請老師告訴我，終生應該遵守的指標。」這時孔子說：「那是『恕』。」接著說：「己所不欲，勿施於人。」易言之，體貼對方的心最重要，只要能夠忠實的遵守這句話，絕對不會發生紛爭，能夠過著和平的人生。

即使自己想要這樣的實行，可是，對方如果沒有同樣的想法，做出旁若無人的行爲，還是會產生問題。即使想要以體貼之心對待對方，可是對方卻不接受，反而會令自己更失望。

由於意識型態的性格和性情的不同，因此雙方很少處於同事同情的境地中，站在屬於個人或所屬團體的立場上，想要進入一個超越利害關係的境地也許是很困難的，但是也許自己想從對方得到的事物，沒有辦法再還給對方，但是自己不想從對方得到的事物，也不要施加於對方，這應該是可以做得到的。

最低限度只要遵守這一點，就可以減少捲入不必要紛爭或是爭執的可能性。

波斯灣戰爭的直接原因是由海珊所率領的伊拉克軍隊攻打科威特，侵害科威特的主權，但事實上，在其根底卻是因爲伊拉克和美國雙方各自認爲自己的主張是絕對正確的，在唯一絕對的一神教大義名分之下，欠缺了解對方立場的體貼之心，徹底敵視對方，產生相互不信賴的結果。如果這個想法不從根底改變的話，即使戰爭暫時結束，則當事者之間的不信任感及憎惡感永遠無法抹滅，無法得到心靈的和平。

十、我們的慾望、我慾的發展

昔日佛教的教誨是「藉著斬斷煩惱而悟道」，意思就是告訴我們要捨棄煩惱的根源、慾望。但是，我們眞的能夠完全捨棄慾望嗎？

我們爲了活著，必須要攝取食物，而食物大部分爲有機物，只有生物才有，如果完全不攝取生物，牛或魚的肉，採取素食主義的話，沒有辦法生存，因此，我懷疑是否所有的人都能做到這一點，有時候我們爲了活著必須要殺死其他的生物，吃其他的生物。所以，我們在吃飯之前會說出一些「感謝的話語」。眞正的意義並非感謝有東西食用，而是「犧牲了其他的生物，得到了這個生命，對此感到感謝及抱歉」。

慾望是人類的本能，本能不只是食慾，還包括睡眠慾、性慾等，如果完全加以捨棄，對於血氣方剛的人而言是不可能的。

德國作家海爾曼•赫塞在其所著的書中會說：「鳥在蛋中不斷想要逃出來，蛋就是世界，爲了活下來，必須要破壞一個世界。」人類的宿命就和鳥一樣，爲了自己的生存，必須要打破蛋（破壞自己周圍的世界），必須要犧牲他者。

這是無可厚非之事，但是滿足了自己的慾望之後，卻不能夠感到滿意，還要擁有更多的慾望，這就是問題了，這就是所謂的「我慾」，例如，對於權力慾、名譽慾、金錢慾或色慾的執著、獨占。

如果雙方超出必要以上尋求「我慾」時，就會與周圍的人發生衝突，可能反目成仇、對立，增加相剋關係，甚至會引起殺傷事件等。可能佛祖對於這些人類所具有的慾望和我慾的發展，早就透過自己的體驗，能夠看穿一切，認爲必要惡「慾望」，以及不必要惡「我慾」，必須要加以識別，教導衆人適當的處理方法。

仔細想想，自己的身體和所有物都只不過是我們從宇宙的生命中暫時借來的，所以我們沒有任何理由，主張這是自己所擁有的東西，如果主張這是自己所擁有的東西，越執著就越會在失去的時候，感到失望和痛苦。

有一次許多的參詣客混雜的本山境內，一位來自鄉下率領檀信徒團體的住持，提醒信徒們注意「這裡扒手很多，要注意一下，就算貴重品被偷了也無妨。」的確令我印象深刻，因爲一般人會說：「注意貴重品不要被偷走了。」

我們存在這個世間，就好像在人類的人體中築巢而居的癌細胞一樣，癌細胞功能與正常細胞大致相同，絕對性的差距就在於其情報系統。

也就是說，正常的癌細胞自己維持生存的功能，和其統合體、個體維持生存功能的構造取得平衡，配合必要的時候，進行細胞分裂，配合必要的時候，停止增殖、確保個體的生命。易言之，就好像手腳的擦傷一樣，經過一段時間以後，正常的細胞增殖，自然就能痊癒，但是，癌細胞卻沒有取得平衡的抑制力，會隨自己高興無限制的增殖、轉移，因此，漸漸的就會破壞自己的宿主個體的生命，最後個體迎向死亡時，癌本身也死亡。

如果這是事實的話。那麼我們的慾望就好像宇宙生命的功能，和我們個體正常細胞功能的關係一樣。換言之，即支撐自己使自己生存的宇宙生命功能，我們要和它建立友好的關係，才能過著健全、健康的每一天。

但是，我們的我慾就和自己個體與癌細胞的關係類似，如果放任不管，就會無限制增殖、轉移，最後破壞圍繞個體的整個社會，而自己也走向死亡的命運，因此，我們欠缺自己與周圍全體的平衡感覺，執著於我慾，採用任性的生活方式時，就必須要覺悟到自他都會倒下。

我們的慾望和我慾在我們活在這個世間時是不容否定的存在，但是，這好像澀柿子在陽光照耀之下會變成甜柿子一樣，絕對不要展現自我主張，與宇宙的生命反目成仇，互相對立，只有找出能夠得到宇宙之光照耀存活的道路時，才能夠過著眞正有意義的人生。

十一、活在大慾中

佛教的開祖釋尊建議消滅人類所具備的慾望，才能得到解脫及悟道。能夠辦到這一點的是脫離世俗，藉著衆人的布施而生活的出家者，對於爲了生活必須一整天從事經濟活動的一般庶民而言，「不工作就沒得吃」，無法得到來自衆人的支援，必須靠自己的所得爲生。

因此，如果排斥包括勞動在內的一切經濟活動，只是專心進行梵行（佛行）的佛教，不僅沒有辦法形成資本主義，而且由其活動中所得到的利潤，全都被出家者的宗教團體所吸收，最後會瓦解。

歐洲也是同樣的情形，基督教的宗教者爲神奉獻，脫離世俗在教會或修道院過著精神的禁慾生活，但是爲了維持及發展其活動，必須要接受來自國家或一般庶民的經濟支援，因此有時會出現財政的破綻。

由於有以下的經緯，因此歐洲進入十六世紀以後，藉著卡爾濱等人的宗教改革運動，將一般庶民職業生活中的勞動價值和經濟活動的利潤，視爲是救濟信仰神的人之神聖行爲，然後才使資本主義發展出來。

十八世紀以後，產業改革造成動力機械的發達，與帝國主義有關的歐洲諸國經濟繁榮，隨著殖民地的擴大，基督教建立了進入世界的素地。

這時的德國經濟學家馬克思·威巴在其所著的『耶穌教倫理與資本主義的精神』中，訴說基督教與資本主義的密切關係，而其亞流也就是日本的大塚久雄、山本七平等人，暗地裡到處宣傳今日資本主義的發展有很多趕不上基督教之處，暗地裡批判佛教。

他們主張自己說法的正當性，進行自他比較時，往往只強調自己的優點，以及比較對象的缺點。

但是結果如何。最近歐洲諸國在第二次世界大戰後，以往的殖民地各自獨立，經濟活動停滯，宗教、民族間的紛爭，以及犯罪的多發等問題都出現而陷入苦戰中。取而代之的是日本以及東亞諸國經濟活動旺盛，生活水準也超越了歐洲諸國。

擁有這些顯著發展的國家，幾乎都是主要受到佛教或儒教影響的國家，爲什麼會演變成這種情形呢？

當然有很多原因，其根本原因就在於歐洲人根深蒂固的基督教之契約所建立的「勞動精神」，和像日本等國家基於與佛教或儒教共生的「勤勞精神」的差距，基於契約勞動，將忠實實行契約當成最大的義務，契約以外的事項則視爲浪費的行爲，根本沒有必要去做。

昔日蘇聯過度強調契約，能不能夠工作是另外一回事，只要遵守就業時間就夠了，這種精神造成了經濟的破綻，就是最好的例子。而基於共生的勤勞，即使是契約以外的事物，也能夠隨機應變，只要能夠讓自他生存，就覺得是一種喜悅，而願意自動幫忙。

例如：契約決定就業時間，但是即使時間超過了，也不會讓工作半途而廢，就算加班也要完成工作的生活方式。到底何者對於經濟活動更能有效發揮作用，相信不用我指出，大家都知道了。

和歐洲卡爾濱同樣的，在十六世紀的禪僧——鈴本正三及近江的商人等，提出新的大乘佛教經濟理論，與原始時代的經濟倫理不同，並不會否定慾望，而是認爲應該要互相切磋琢磨，創造更好的東西，才能夠完成佛的意志，因此勤勉、節約、信用、正直的精神固定下來。後來有一陣子這個想法被替換爲滅私奉公的想法，強調個人的自我犧牲，因此直到現在仍然成爲爲了公司或家人犧牲奉獻的精神。

美國的經濟學家——約瑟夫·休培塔強調企業家精神的泉源並非獲得利潤，而是獲得人心的卓越性。

而日本經濟學家一橋大學學長——鹽野裕一認爲這種行爲有三個動機。第一就是想要建設自己帝國與王朝的夢想和意思。第二則是鬥爭意慾、成功意慾，以及勝利者意志。第三則是有創造的喜悅。

受到這些動機驅使的企業者，燃燒起開發新製品及開拓新市場、導入新組織等的「革新的精神」，而這個「創造的破壞」是資本主義的原動力。而基於這一點而言，今日的歐洲人不只是企業家，連勞動者都欠缺這種精神。

日本企業家與勞動者共同一致互助合作，爭相進行創造的破壞，傾注心血要開發更便宜、更好的製品，而促進了今日之經濟繁榮。但是，最近由於沒有企業的成功與勝利的指標，因此利潤成爲一種自我目的，爲了獲得眼前的利潤而不斷努力，因此遭受各國的責難，這的確是令人感到遺憾的事。此外，醉心於這種繁榮中而感到傲慢，或者是只是埋頭苦幹，不斷的努力，卻走入孤立化的道路，而再次跌入深淵中。

前述的休培塔在其所著的『資本主義、社會主義、民主主義』一書中，認爲資本主義不可能一直成功的延續下去，會被社會主義取代，在五十年前他就做了以上的預言。可是社會主義卻很快的遭遇挫折，資本主義也因爲貧富差距日益擴大而呈現末期的症狀。民主主義也無法給予今日世界新的指標，因而使得人心動搖、渾沌。

這時，站在宇宙規模上的人類共生新指標的出現是衆人的希望。就這一點而言，我國長期培養的勤勞精神和歐洲人所主張的個人權利、自由、人類的尊嚴等普遍原理應該如何互相契合，將是今後的課題。

不要光是想到自己的少慾，也不要光是犧牲自己，爲他人犧牲奉獻，必須要與他人互相分享人類共通的遺產，生存於大慾中，藉此我們才能夠走向一個充滿希望的未來，幸福穩定的人生。

十二、彼岸的意義

彼岸，一般人是指去掃墓，或者是手上拿著香和花祭祀死去祖先的行事，而其季節正是寒暑交替的時節，也是反省自己的好機會。

「彼岸」是與苦惱、煩惱較多的「此岸」這個世界相對照的超越煩惱、苦惱的領悟世界，那個世界到底是什麼樣的世界呢？希望大家以我接下來叙述的故事爲線索來考慮吧！

俄羅斯的作家——托思妥耶夫斯基寫了一本『罪與罰』的小說。

小說中叙述一位莫斯科的大學生拉斯克里尼科夫，企圖偷盜如守財奴般的婆婆的財物，他認爲「偷盜對萬人有害，不知爲何而活著的人之財物，就可以實現許多的事業和計畫。非凡的人有權利爲了達成這些計畫而原諒自己的良心。」結果他把老婆婆和善良的妹妹都殺死，得到了一大筆錢。可是他殺了人後，非常後悔。不知道爲什麼自己會做出這些事情，因爲沒有繳納房租而被警察叫去，聽到老婆婆被害死的消息，良心深受苛責。他所認識的妓女——索妮，要他去向警察自首，而拉斯克里尼科夫也聽她的話。結果服刑被流放到西伯利亞，後來索妮也跟他一起去，這就是整個故事的大綱。

有一句話說：「道理和膏藥不管到哪兒都黏得緊緊的。」我覺得這個故事的主角——拉斯克里尼科夫的想法和最近所發生的沙林毒事件主犯的想法類似。易言之，正直者認爲現代世間的腐敗墮落，讓他們感到悲憤，認爲除了自己以外，沒有人能夠改變現狀，因此糾結同志，爲了達到這個目的不擇手段，甚至會企圖掀起革命政變。

的確，整個社會都充滿了矛盾，環顧我們的四周，有一些人做了一些大逆不道之事，讓我們懷疑他「這也算是人呀！」像拉斯克里尼科夫和沙林毒氣事件的主犯，就是認爲很多人行爲應該要遭到天譴，而由他們負責執行。但是如果要將「一殺多生」的精神付諸行動時，當然也可能遭遇悲慘的下場，因爲有時候正義感只是一種我慾的表現而已，我們無法清楚的加以區別，而展現行動，就會後悔莫及。

這類的想法經常聚集在我們心靈的角落，也就是說我們有無窮盡的慾望，就好像我國的產業經濟一樣，在戰後，復興的美名之下，稍微賺了點錢，稍微有了好的結果，就無限制的擴張設備及生產，雖然不斷發展很好，但是最後泡沫經濟瓦解，而走向自我毀滅的人很多。

爲了自我的利益，而將周圍的家人或工作伙伴當成奴隸酷使，藉這種犧牲、奉獻之賜，而有了今日的自己，可是對於其他人的辛苦卻沒有感謝之念，把他們當成消耗品用後即丟，根本不屑一顧。

或者是有了滿足無窮盡的慾望，而酷使自己的身體，不斷的擴大自己的慾望，最後縮短壽命，自我毀滅。

詩人榎本榮一在『我』之中的詩裡有以下的歌詠：

偷看我之中
雖然感到難爲情
但是
最疼愛的是自己
不是別人

對於沒有察覺到自己內心深處非常任性的人而言，幸福的鳥會逃走，不過，反之也有人在世上抓住幸福的鳥，每天都過著幸福的日子，爲各位介紹以下的例子。

在我們家附近住著一個人自己過活的老婆婆，有一個人來幫忙照顧她，這個人隨時保持開朗的心情，不只照顧老婆婆，也會照顧其他的人。

有一天在她回去時，我在路上遇見她，我對她說：「妳眞是辛苦了。」而她說：「沒這回事，我沒有家累，可以輕鬆的過活，而且我喜歡照顧人，老婆婆隨時都在等著我，看到她那喜悅的臉，我就非常高興。」

她對我這麼說。

這個人掌握了幸福的青鳥，這才是佛所說的尊貴之生活方式。滿足於幸福的「眞實世界」，就是超越以自我爲主而生活的世界到達彼岸，如果不知道這一點，對人類而言，即使會失去這樣的東西，恐怕還是會執著於自己的慾望，這好像先前所敘述的，人們的「幸福之鳥」飛到空中去一樣。

但是忘記自己，隨時照顧他人之人，幸福之鳥就在你身邊。對於忙著沒有辦法回顧自己的我們而言，「彼岸」可說是我們自我反省「眞實的世界」在何處的絕佳機會。

十三、從人到人間

我們通常最疼愛自己的生命，尋求各種手段，希望能夠多活一天，因此，我們強調能夠安全舒適活著的世間，認爲這是「尊重生存的權利」。

這一點相信大家都沒有任何的異議，我們活在這個世間，重視生命，努力創造能夠活著的周圍環境是理所當然之事。但是，最近我發現到這種「人活著的權利」（生活權），與「像人類一樣活著的權利」，也就是「人權」的意義有些不同。

到底有何不同呢？所謂「生活權」是指即使犧牲他人，只要自己能夠活著就好了的尊重「生存本能」的權利，而「人權」則是承認這個本能存在於每一個人身上，同時這個「生活權」不能夠對他人造成麻煩。亦即要尊重能夠發揮自他個性的權利。

我們人類是各自獨立的存在，同時也必須和他人共存共榮才行，如果只主張自己的存在而不惜犧牲他人，這是「生活權」，卻不是「人權」的尊重。而倘若只尊重「生活權」卻無視於「人權」的存在，無法構成和平的社會。

昔日的社會，很多人不但不尊重「人權」，也不尊重「生活權」，因此過著非人類的生活。但是，生存於近代社會，享受科學文明恩惠的我們，生活有餘地，注重個人自我，滿足自己的慾望，能夠過著安全舒適的生活，這主要是根據由西方興起的科學分析方法，逐漸了解到個個存在的本質，而將其各自切斷獨立來掌握，承認人類自我的存在，同時加以尊重。但是，如果放任不管這種各個人自我的分斷及擴大，則具有陷入利己主義的危險性。爲了收斂這種任性的作法，因此，基督教、回教等倡導相信唯一絕對的神以及神之愛的說法。

而佛教所說的「因緣所生」，也就是說所有的存在，並不是獨自各個的本質，而是具有相互依賴的關係，因此必須要互相慈愛才行。

關於這個問題，臨床心理學家河合隼雄在「深層意識探求的今日性」中曾有以下的敘述：

「……切斷意識與相關意識兩者之間到底如何建立自我呢？關於這一點，兩種互相矛盾的說法，如何能夠完全收納於自己的心中呢？我認爲從中會產生出個人的『個性』來，如果說能夠建立一個沒有矛盾的系統模型，就不算是個性了，人心眞是很不可思議，對矛盾事物會宣言道：『我是這麼認爲的。』而這個『我』也就是一種明顯的個性表現。」

換言之，即個性是指在自己周圍的緊張關係中產生出來的。

如果我們沒有自己的意見或理念，無我的對周圍附和雷同的話，這個人就不具有主體性，也就是「沒個性」。如果有自己的意見或理念，而對於自己的言語、行爲不負責任，只是進行自我主張的話，則不是「沒個性」，只是單純的主張「我」而已。

如果有自己的意見和理念，對於自己的言語、行爲負責任的話，即使對自己不利時，其立場也不改變，萬一不得不改變時，就會受到良心的苛責。俗語說：「大樹之下可遮蔭。」事實上，追隨大方的言語、行爲，在有事情發生之時，會轉變風向，知道對自己不利時，趕緊避開或者是佯裝不知，這種牆頭草隨風倒的人何其多呀！

事實上，在鎌倉時代就有這種人，因此，當時道元禪師對弟子們說：「不要在意周圍的狀況，但並非完全無視於其存在，而是擁有直視狀況自覺的人，才能成爲眞正的人。」

我們每天的人生很少能夠隨心所欲，必須自己配合周圍的狀況，或是讓周圍的狀況配合自己。大部分的人都會妥協、放棄，而如果依然故我的話，則會被周圍的人疏離，過著曲高和寡的人生。

如果我們主張自己的「人權」，則也必須採取尊重周圍衆人「人權」，具有主體性的負責任之言語行爲，如此一來，我們才是從「人」變爲「人間」。

第四章　探討佛教的死

一、何謂「往生」

古代人認爲死後就如記紀神話所叙述的，會走向微暗、潮濕的黃泉國，或是到山及海的彼方世界。但是人智開化接觸到新的文明，了解到地獄的存在，看到這個世間的現實時，沈浸在無常感中，因此產生了希望在死後能夠到達安樂世界的慾求。

天台宗之僧侶源信所寫的『往生要集』，記載著能夠滿足這個希望。

他所描述的死後世界是極樂淨土之佛的國土，認爲要相信住在那兒的阿彌陀佛的本願，擁有希望到達那個世界的心，只有在死後一定能夠在那兒生存，這是基於『淨土三部經典』而產生的說法，因此，建議觀察阿彌陀佛姿態的觀想念佛，以及用口中念其名號的口稱念佛方法，介紹了臨終時的作法。

「往生」就是指能夠轉世到阿彌陀佛所在的極樂淨土的意思。我們一般稱人死是「成佛」，但是人死之後，不會自動成爲「佛」。爲了成爲「佛」，要先當佛弟子，過著適合佛弟子的生活方式，才能成佛，才能轉世到極樂淨土。

平常就要親近佛緣，藉著佛的教誨，過著「如法」的日常生活。所謂「如法」就是基於佛所說的宇宙之理法，不會執著於我慾，而能過著自然生活的意思。

如果違反其教誨，而擁有自我主張，就會到達地獄的世界，而產生苦惱，但是，活在這個世間的我們，可能沒有人看過地獄的痛苦，因此我們才會燃燒「犧牲他人，滿足自己的慾望」的生存本能，這才是活著的證明。

存在這個世間的許多宗教，努力希望能夠抑制人類的這種慾望，爲人類社會帶來一個沒有紛爭的和平世界，提出各種教誨，尋求解決的方法，建議衆人實施。大乘佛教認爲不需要否定或壓抑我們生存的本能，要承認其存在，但是將其活力誘導到建設性的方向，訴說加以解決的方法。

淨土宗的元祖——法然上人認爲這個生存本能的善後策，就是我們任何事情都必須要「念佛」，易言之，即我們身心與佛爲一體念佛，不論在何時何地接觸任何人都能過著「如法」的生活，也就是說不是以「我」爲主的生活方式，而是以「佛」爲主的生活方式，即使遇到難關，也能夠得到佛的解救。

我們之間有人會發牢騷說：「雖然你這麼說，可是我還是非常痛苦，不但沒有得到解救，反而更痛苦了。」這樣的人只是在痛苦中徘徊，卻沒有想要逃離出來的願望，就這樣迎向死亡。對於自覺到這種苦的人而言，希望能夠脫離痛苦的深淵，這樣就能夠使自己被引導到具有佛的本願之慈悲心中，而得到往生。

英國詩人洛巴特·布拉屋明格曾說：「人類的價值並非在他死的時候做些什麼，而是在他活著的時候做些什麼。」到底我們在這個世間做了些什麼呢？

關於「往生」的解釋，有識者之間有各種不同的說法，至少對我而言，如果能夠覺悟到自己活在這個世界擁有自我意識，就不可能避開苦惱，能夠坦然接受這個事實，將自己在這個世間該做的事情做到最好的地步，對於解救自己之佛的慈悲，抱持感謝報恩之念，過著念佛的生活，等到到另一個世界去時，相信自己一定能夠往生到這個淨土去，就能過著安心的每一天。

二、安心死去的祕訣

我們總會和最愛的人告別，到另外一個世界去，這是人類的宿命，希望死的時候沒有痛苦，能夠安詳的離開這個世界，這也是人之常情。事實上，有很多人生了重病，患者在難以忍受痛苦時發出呻吟、哭泣叫嚷之聲，這樣的人非常多。

這時醫生為了緩和患者痛苦，會注射麻醉劑或嗎啡，或是讓患者服用安眠藥，暫時鎮靜下來。但是，等到藥物的效力消退時，仍是沒有用的，痛苦會再度降臨，直到最後為止，一直在惡戰苦鬥而終其一生。

當然醫師希望能夠治好患者生病，為了延續患者生命盡最大努力，但是看到患者痛苦，或是察覺到其近親痛苦的心情，在適當之時，認為還是讓他好好睡一覺比較好。可是，如果沒有發生特殊情況的話，醫師還是不能夠放棄救護活動，今天開發出來好的鎮靜劑，總算能夠解決疼痛的問題了。

某位著名醫師曾經告白說道，患者的疾病是「能治好就能治好，不能治好的疾病靠醫師的技術也無可奈何」。也就是說不能治好的疾病，醫師的工作只是藉著投藥和手術，防止病情惡化、蔓延而已。

由於今日分子生物學的成果，我們的壽命在發生階段幾乎都是輸入基因中，人類並非因疾病而死亡，而是因為壽命終結而死亡，如果沒有遇到意外事故的話，基於遺傳的法則，我們的壽命是父母的壽命加起來除以二的壽命。

因此罹患疾病之後，到醫院去接受醫師的適當治療，雖然能夠延命，但是，總是會壽命終結，到另外一個世界去。

在事前知道自己大致的壽命，當然是令人很厭惡的事情。反之，如果能夠預測到自己還能活多久，萬一壽命超過自己所估計的時間，就能夠享受到餘得。畢竟只有一次的人生，應該做無悔的事情，等到到另外一個世界去之時，聽到別人對自己的身體說：「你一直活得很好，把我照顧得很好。」充滿感謝之心，很滿意的到另外一個世界去。

有人說，不畏懼死亡的方法就是年齡增長。易言之，即如果老到根本分不清那個境地的交界處，就不會有好像飛越過去的感覺了。

我們平常對於支配這個世間的宇宙自然法則性不表關心或興趣，但是萬一自己遇到人生上的問題，不知道該如何是好之時，才會察覺到其存在，而被迫要選擇存在於其中的眞理或眞實。

也就是說，眞理是世間支配普遍妥當、合理客觀事實的看法，而眞實則是支配個別情緒的主觀事實的看法。

前者的立場，認爲世界或人類最後都會還原爲物質，爲一元論。後者則認爲除了物質以外，還有精神世界的存在，爲二元論的看法。

對於沒有科學知識的古代人而言，世間的一切都是以主觀事實代表一切，產生天災地變時，認爲是鬼神或者是妖魔鬼怪所做之事，認爲只要祈禱就能加以鎭壓，但是科學知識發達之後，今日大家已經不再相信這些事情了，了解到這是一種自然現象而能夠謀求對策。

然而對於自己以外的事情卻不了解，對於自己人生上的問題也不可能輕易的了解，而主觀事實在這時候就抬頭了。

例如，山崎章郎這位外科醫師所寫的『在醫院死去』一書中，有一小插曲，我想說出來讓各位了解。

有一次，山崎診斷六十三歲罹患大腸癌末期症狀的女性患者，不只是她，她的丈夫也因爲罹患進行性肺癌而在另外一家大學醫院住院，夫妻關係非常的好，卻分別在兩地接受治療。而她的病情惡化，必須要絕對安靜死，在最後她的要求是「我知道在這種狀況下是很無理的要求，可是我希望能夠見我的丈夫一面。」

得到孩子們的同意，在孩子們的陪同下，乘車往返花四小時的時間到丈夫的醫院去，她和丈夫相會只有短短的十五分鐘，雙方握著對方的手、流著淚，非常的高興，達成了自己的心願，最後對丈夫說：「你要保重喔！」平安無事的回到自己的醫院。

後來體調突然變差，陷入昏睡中，血壓下降，見到丈夫後過了二十四小時，安詳的往生了。這位醫師說：

「如果她一直思念丈夫，躺在醫院的床上，也許還可以活一週，但是，她和丈夫住在不同的醫院，過著鬥病的生活，心中一直擁有想要再見到丈夫的願望，心願能夠達成的十五分鐘，與一直抱持的願望，可是卻花了一週的時間在病床上等死，不只是對醫療者和家屬而言，對她自己來說，究竟何者才是眞正有意義的時間呢？我和她的家人都認爲這十五分鐘才是有意義的。雖然我們一直沒有問她，但是，我想她自己應該也有這種想法。」

事實上，有很多人死去，有些人死前在醫院無法完全治好時，醫生和護士都已經放棄，連其家人都將其視爲累贅。如果說患者認爲能夠治癒疾病，擁有復原的希望，而且周圍的人也好好的治療，看護他的話，才是有意義的事情。但是即使沒有這種可能性，卻沒有人理會患者，則患者必須要承受肉體、精神的痛苦，而迎向孤獨的死亡。

在此時，如果周圍有人能夠親自照顧患者，患者將會非常高興的結束他的一生。一位末期乳癌患者住進大醫院，一天必須要接受幾次鎭痛劑的治療，沒有任何的治療手段，必須要轉到其他的醫院去。但是持續疼痛，一直注射鎮痛劑。有一天聽到她訴說疼痛時，護士沒有給她鎮痛劑，而給她一杯熱咖啡，患者一邊喝咖啡，而護士則靜靜地聽患者對她傾訴，兩人彷彿產生了心靈的共鳴似的，結果第二天患者疼痛減少了，鎮痛劑的使用量也大量減少了。

經常聽人說：「病由心生。」重視患者的人性、重視患者尊嚴的醫療行爲，才是最好的。即使是死期將近，直到最後的一瞬間爲止，都抱持希望，不斷地安慰他，讓本人也能高高興興的迎向死亡，這是周圍人應盡的義務。此時對患者而言，最強而有力的安慰就是緊緊的握著他的手。

對國人而言，心靈的支撐不是神、不是佛，而是在自己周圍心意互通的家人或是朋友。其證明就是很多人告白說，雖然聽說：「遇到困難時要依賴神。」但是在痛苦的深淵中不想捉住抽象的東西，而希望能夠擁有在眼前具體可以依賴的存在，像瀕臨死亡的重症患者，在不斷的喘息中訴說痛苦呻吟，這時的話語通常喊的是最愛的人的名字。

如果這是事實的話，也許宗教對於神佛的信仰只是一種名義而已，實際上，與家人、朋友的信賴關係才能發揮信仰的作用吧！

室町時代應仁之亂時，細川勝元所率領的東軍和西軍對峙，當時西軍總帥——山名宗全無法戰勝病魔臥病在床，每天都過著對於死亡恐懼與不安的日子。

看到他這種情形，家臣請求一休禪師來鼓勵他，禪師來到病床前對他說：「你已經是到達末期了，我也會去，別人也會去，這一生只是如夢幻般。喝！」說完之後就離去了。

ＮＨＫ的連續劇『花之亂』，雖然描述山名宗全是在戰爭中壯烈的切腹而死，但是，事實上他在勝敗未定時就病死於陣中。而他死後，家臣們想要追隨主人，打算切腹自殺，聽到這個消息，禪師趕緊做了一首歌送給家臣們，「世間的生死道不可能攜手同行，只是寂寞的獨去獨來。」終於使得家臣們放棄集體自殺的念頭了。

即使自己不願意死去，但是只要是人，百分之百都會面臨死亡，不管你再怎樣拒絕，死神還是會將我們帶到另外的世界去。

作家武田泰淳在與鈴木大拙博士的對談中曾說：「你問我最喜歡佛教的哪一點，我最喜歡的是諸行無常，也就是認爲所有的一切都會有變化的想法。」

包括人類的死亡在內，若知道存在於世間的一切都會產生變化的話，就會知道自己的死亡也是其中的一環，就不會恐懼擔心了。但是凡夫的見識淺薄，還無法達觀到這種地步，我們眞的在萬一的時候，能夠坦然的接受自己無法避免死亡的事實，而從容的踏上死亡之旅嗎？

三、關於臨死

不管是誰都不想死，但是死確實會到來，爲避免到時候慌了手腳，平常就必須要對於死做好心理準備，因此，古今中外實行各種的臨終作法。

法國歷史學家菲力普·亞理艾斯在其所著的『死的歷史』中曾說：「死亡是一種公開組織的儀式。」易言之，即人的死亡是在衆人環視之下，按照臨終的作法嚴肅的進行著。

但是，最近大部分的人不是在自宅，而是在醫院一個人寂寞的嚥下最後一口氣，並未進行臨終的作法。通常患者去世之後，接到來自醫院的通知，遺族們才慌慌張張的趕去接收遺體、準備葬禮，根本沒有時間去照顧最愛的人，陪他走完臨終之路，悲傷其死亡。

因此，大家都不知道死亡的本人到底是以何種心境往生，只是看著死人的臉，想像其死亡的樣子而已。如果這個人不是個偉人，對於意識清晰的患者而言，面對自己的死亡，想到死亡陸續接近的恐懼，以及即將要離開這個世界的悲哀，會使他深受打擊。而這時身邊沒有人要安慰他、鼓勵他，必須自己一個人寂寞的嚥下最後一口氣，當然會沈浸在一種孤獨中。

不論是照顧即將死去的人，或者是被照顧的人，在人生的最後時期必須要分開，這的確是一件很悲傷之事。

確實的進行臨終的儀式，具有治療死亡的恐懼與別離之悲哀的效力。例如：像日本在即將死去的人枕邊掛著阿彌陀如來的來迎圖的掛軸，焚香，在旁的人心中描繪一個極樂淨土，念佛。

『徒然草』中說：「即使懷疑，只要念佛就能往生。」而法然上人也說：「不僅要一念，還要多念。」在臨終時最後的一念，只要能夠一心念佛，就能夠往生到極樂淨土。直到今日也有人說：「心隨形，形隨心。」創造往生極樂的氣氛，稱名念佛，實行這些行儀作法，我們也能夠與佛成爲一體而往生。

關於重視這種行儀作法的觀念，評論家鶴見俊輔認爲：「行儀作法具有支撐自己的力量，古人穿著和服、綁緊帶子，不是爲了讓別人看，而是要告訴自己，今天這一天的姿勢都要正確。」

這時，我就產生一個疑問。也就是說，如果靠著最後一念就能往生，是不是「平常毋須念佛了呢？」的確，理論上是正確的，天主教稱這種想法爲「天國小偷」。

換言之，即平常不是信徒的人，在死前接受洗禮，就能成爲信徒，到達天國去。對於很早就接受過洗禮，認眞信仰生活的人而言，當然這是不值得原諒的行爲。

但是，對於這個問題，天主教告訴信徒們「在葡萄園工作的勞動者」的例子。

某一家的主人以一天一迪里那的代價，僱用勞動者在自己的葡萄園工作。因此在九點、十二點、三點、五點，按照僱用的順序支付一迪里那，而很早就來工作的勞動者說：「爲什麼後來才來的人也可以得到同樣的薪資呢？不是不公平嗎？」這時農園主人說：「朋友啊！我對你做的事情並沒有不對啊！你和我的約定不是一天一迪里那嗎？把你自己應得的部分帶回去吧！」

但是，農園主人的意思是指最幸福的人是一大早就開始長時間工作的人。爲什麼呢？因爲他一大早就開始工作，就能夠安心的出去工作，而後來才擁有工作的人，一開始當然會感覺不安，因此，即使得到相同的薪資，但是，後者就好像是天國小偷一樣，反而是不幸的人。

臨終時的一念能夠得到往生，也是同樣的邏輯。雖然能夠搭上到達極樂的最後列車，但是先搭上的反而更能安心，得到幸福的期間也比較長。而這種心態正如法然上人所說的「要多念」。

原始的佛教經典『法句經』（三六七）也說：「所有心和形都不是我的。」因此身為現代人的我們，毋須執著於自己的身體或者是使用的東西，要相信另一個世界，念佛才能安心的死去，在臨終時，為避免自己慌了手腳，平常就要做好心理準備。

四、關於腦死、臟器移植

最近醫學界以及司法界，對於人類腦死和臟器移植的問題進行許多的意見討論。政府諮詢機構成立「臨時腦死以及臟器移植的調查會」，認為腦死就是一個人的死亡，而且最後也允許臟器移植。關於這些，一般人也給予一定的評價，但是，在法律上要做決定，則必須要慎重其事。

如果以宗教來考慮這個問題，我認爲還是有疑點，因此想要陳述個人的意見。昔日諾貝爾物理學獎得主——福井謙一曾說：「人類的法乃爲人類所制定的，隨時都可以改變。但是，自然的法卻不可以改變，改變自然的法，一定會遭到自然的報復。」

認爲腦死是死亡，而臟器的移植隨著近代臟器移植醫學的發展，認爲是人類迫於需要而進行的行爲，但是並非遵從自然的行爲。近代西方醫學基於迪卡兒等所提出的二元論，將人類區分爲精神與身體，把身體視爲是單純的物質來考量。

因此，當人類的身體部分破損時，自然就產生了可以利用其他身體的部分來交換。而且認爲心靈寄宿於身體中，而擁有其他心靈的身體的一部分，一旦移植過來時就會產生排斥的反應。而最近生理學研究的成果，確認人類的細胞各自擁有個人特有DNA（去氧核糖核酸）的排列，才能夠發揮具有特性的特徵。

由此可知，承認腦死爲人類的死亡，而可以進行臟器移植的想法是近代醫學的產物，並非基於自然法則而來的。

但是，現在有一個身受重傷、瀕臨死亡的患者，爲了延續他的壽命，由已經腦死的人基於其生前的遺言等提供臟器，因而能夠延續生命，並不是非常珍貴的利他行嗎?當然出現這些意見,也是無可厚非之事。

在佛教書籍中曾記載,佛祖的前身——雪山童子爲了解救飢餓的老虎,不讓他們餓死,因此自己獻身給老虎。此外,越戰時佛教徒焚身自殺的「一殺多生」的實例,因此,有人主張佛教也應該要承認臟器移植是非常偉大的利他行。

事實上,在我遇到萬一之時,如果能夠將自己的臟器移植在他人身上,對於醫學的發展有貢獻時,我也願意去做。可是我認爲自己重傷時,即使移植他人的臟器也不能長生,此外,心臟還在跳動,身體還是溫熱的,只是腦死,就斷定其爲死者,而取出其臟器,或進行葬禮,對於這種作法,我有一種抵抗感,無法引渡對方。

人類應該是腦的功能停止、心臟停止、瞳孔放大,呈現青紫病狀態,才能夠視爲是死者與活著的人訣別。

不管別人怎麼想,至少我認爲這才是人類的自然死。

醫學界關於腦死以及臟器移植方面,無法得到司法界與國民的統一見解,因此很難加以立法化。可是我想即使包括我在內,要尋求宗教界、佛教界統一的見解是很困難的。

五、關於安樂死與尊嚴死

最近，大衆傳播媒體等紛紛討論安樂死與尊嚴死，關於這些我想要敘述一下個人意見。

所謂安樂死，就是醫學上由醫師判斷爲罹患不治之症的病人，難以忍受痛苦，請求醫師要採取一些手段讓他們安樂死亡。但是事實上如果在實行的話，例如，濱松醫科大學年輕醫師曾經實行過安樂死，結果被逮捕，所以，在法律上認爲這是教唆自殺罪或殺人罪。

但是，面對求助無門痛苦的病人，以及照顧病人的近親者精神、經濟的痛苦，爲了減輕其負擔，我想主治醫師和相關者一定會產生一種同情，想要幫忙的心情。

一九六二年，曾經有個兒子接受罹患重病的父親之請求而殺死了父親，結果名古屋高等法院認爲已經具備了一定的嚴格條件，而應該以法律的程序來承認這是一種安樂死。其條件包括「因罹患不治之症而面對死亡時，不管任何人都覺得痛苦非常的嚴重時，爲了緩和病人的痛苦，得到病人認眞的拜託或承認的意思表示時，藉醫師之手，使其死亡的方法，是合乎倫理的做法。」必須要具備以上的各大條件才行。

安樂死是藉病人以外的他人之手，使病人迎向死亡的行爲，而尊嚴死則是已經無法得到救助的病人，自己不希望再延長壽命時，尊重其意志的醫師不再進行延命治療，讓其自然死亡的行爲。

到目前爲止，醫師專心治療病人的疾病，對於無法治療的病人，傾注努力希望能夠延命。而最近日本醫師會第三次生命倫理懇談會的報告顯示，「必要之時，醫師對於患者的延命努力，必須在整個醫療中重新評估其價值，須由患者本身意志和利益、幸福觀點綜合加以判斷、改正才行。」也就是說推出承認尊嚴死（自然死）的方針。

的確，與病人的末期治療直接有關的醫師或醫療機構的立場，認爲不論安樂死或尊嚴死，明確的制定法律，使得醫師的延命努力的界限和免責能夠法制化，是非常重要的事情，但是如果能夠滿足一定的基準，就能得到法律的認同，而進行安樂死或尊嚴死，有時也會被他人惡用。

如果認爲只要得到法律的許可，就可任意妄爲，這種想法的確非常糟糕。

佛教想法，則包括人類本來的立場在內，尊重病人個人的意志。

翻閱佛教經典，並沒有釋尊承認自殺或他殺的發言，事實上，殺生戒是佛教的五戒之一。

『法句經』（一百三十）說：「所有的人怕刃杖，所有的人都珍惜生命。自己不可以殺人，也不可以教唆殺人。」所以利用注射等積極的手段進行安樂死，是一種亂用合法化的行爲，我不承認這種行爲的存在。

關於尊嚴死方面，不論是病情或是醫師就醫學上進行所有的處置，而事實上，病人和相關者都確認盡了最大的努力時，就應該要尊重病人自己的意志。了解生命醫科學技術的界限，無法再繼續控制時，末期醫療應該是由病人自己相信的人陪在身邊，讓他安心的迎向死亡才對。所以沒有告訴患者自己正確的病情，而光由醫師單方面的判斷，進行延命治療，最後迎向死亡，這是一種痛苦。

但是，今後患者自己如果有死亡的選擇權，了解自己的病情，結論不要由醫師來定，而應該自己負責來下結論。爲了培養這種判斷力和意志力，必須認眞考慮生死的問題，而且要擁有宗敎的信念。

爲了去除對於死亡的恐懼感，平常時就必須要親近宗敎書，與宗教者交往，在面臨死亡之時，要進行能讓自己安心死去的臨終儀式。

六、死後的世界真的存在嗎

老實說，以物理的觀點來看，我不了解死後的世界是否存在。因為我尚未到另一個世界去，而且也沒有聽到從那回來的人的談話，因此我無法作答。

一九八九年讀賣新聞所進行的「人類有死後的世界嗎」的意識調查，回答「有」的日本人佔百分之二十四·九。而如果問美國人同樣的問題，我想一定會提升了。也就是說人類自古以來就相信有死後世界的存在，而且很多宗教也提出這種說法。

隨著最近科學知識的普及，人們逐漸不再相信其存在，世間經常看到面對死亡時自暴自棄的人，對不相信有另外一個世界存在的人而言，當然會感覺到絕望。的確，人遲早都要死去，肉體會腐爛，剩下骨頭，會還原為自然的化合物。

因此，必須要藉著證明故人曾經存在這個世界的牌位、葬禮、墓碑等，而相信其靈魂的存在，由相關者來追憶故人。但是，如果沒有死後的世界存在，則我們死去之後歸於無，被吸入虛無的世界，則這一切的東西根本就不須要留在這個世間，反而會浪費許多的費用和勞力罷了。

佛像雕刻家西村公朝在京都淸水寺的大西良慶管長九十七歲時，曾經問他：「有極樂嗎？」他的回答是：「經文中都說有，所以我們不得不相信有。」

而西村師在其所著的『極樂的觀光指南』中曾說：

「小徒弟說已經燒好洗澡水了，請洗澡吧！結果脫光了衣服去洗澡。在寒冷的季節脫光了衣服的確非常難受，如果懷疑小徒弟說謊，就不會脫光衣服了。到底水熱不熱，必須自己伸手到水中試試才曉得，因爲感覺到不安就不會脫光了衣服，可是相信小徒弟的話，在寒冷的洗澡間脫光了衣服泡在熱水中，覺得眞是太棒了，這就是極樂。倘若不相信他的話，就不會脫光衣服。換言之，即如果必須要到另外一個世界去，相信有另外一個世界的存在才死去，也是一件好事。」

易言之，到底是否有死後世界的存在，並非認識論的問題，而是實際存在的死活問題，因此死期將近的人，必須要自己選擇才行。

在這一點上，對於死後世界的存在認爲是唯物的、觀念的想法之現代人，在死亡實際降臨自己身上時，必須要接受這個事實，的確是不幸的人。而這些人在自己面臨死亡時，不相信死後世界的存在，只會懷著恐懼和不安終其一生，你眞的不願意相信有「那個世界」存在而迎向死亡嗎？

七、為何要舉行葬禮

人類史上，我們面對個人死亡時的變故，以及對於故人的依戀之心，對於其遺體的恐懼心，必須要對應這些交錯狀況的變化，因此，要和死者訣別。死者統一待在死者的世界中，而剩下的相關者則必須要恢復原先的正常生活，因此，要進行一個通過的儀式。就是超越任何時代、地區，或意識型態，任何民族都會存在的普遍心情或行爲，即使在高度的民智下也不會去探討該不該這麼做。

其型態各有不同，悼念死去親人的心情卻不變，因此葬禮這個通過儀式，對於相關者而言，是接受對方死亡事實的手段。

憑弔死者的方法，自古以來與宗教有密切的關係，現在日本的葬禮幾乎都是佛式的，很多人認爲這是佛教寺院或是僧侶的專利，在全國每三分鐘就有一個人死亡，要進行葬禮。

佛式雖說是形式上的，但是，事實上受到自古傳下來的民俗信仰，或儒教及近代文明的影響，而形成我國獨特的重層葬送習慣。例如：無常感或葬儀作法或他界觀念等是受到佛教的影響，而崇或穢的淨化是來自土著的信仰，祭壇或牌位來自儒教，黑色喪服或靈柩車等是來自西方文明，混雜著許多異質的要素。

但是，既然是佛式，死者從僧侶處接受佛戒而成爲佛門弟子，能夠往生到佛國土，而遺族及其參列者則能結佛緣。

不過，最近由於我國的經濟情況好轉，進行都市化的結果，對於鎮日忙碌的現代人而言，葬禮變成虛禮化、簡樸化，在葬儀社的主導之下，一切從簡。即使在著重華美的現代社會中，不願意看到人死亡的殘酷事實，隨著個人主義的抬頭，家族制度瓦解，社會結合弱體化，衆人化爲孤獨的群衆。

此外，也進行撒葬或不具有宗教色彩的自由葬等，到目前爲止，傳統的葬送習慣隨著故人或家族及社會意識的變化而產生劇烈的變化。這一連串的現象造成我們喪失了「對於死亡的意義」，同時也有會造成「生存意義的喪失」。而在其過渡期，我們必須要透過葬送的習慣，認眞的考慮自己的死亡及其將來。

八、世界葬禮的現狀

談到葬禮，就是人死去之後，近親者和相關者聚集在一起，祈禱故人的冥福加以憑弔，而這個習慣是人類生存在這個地球上之後，一直持續到今日爲止的習慣。

距今五萬年前，伊拉克的香達地方所居住之最初期的人類——尼安德塔人在人死後，會在其遺體旁供奉藥草或花，進行一些葬禮，後來在世界各地各民族以各種方法在人死亡時進行各種的儀式，愼重的埋葬遺體。

今日世界上大約有六十億人生存，一年內大約有一億人死亡，在世界各地進行葬禮。我們現在還活著，但是終歸是要死去。縱使你討厭死亡，但是生者必滅的道理是不會改變的。現在自己所擁有的財產、名譽、頭銜和最愛的人，全都要留下來，自己走向死亡之旅。

在萬一的時候，到底我們會到哪兒去呢？到底會採用何種埋葬方式呢？而接下來又會有何種情形呢？先考慮這些問題，絕對不是一種浪費。我們死了之後，遺體會白骨化，回歸於土，除此之外，眞的什麼也沒有留下來嗎？請大家一起來考慮吧！

到目前爲止，與可以和我們一起過活的最愛的分別是最悲傷的事情。對當事者而言，乃爲切身之痛，但是即使再怎樣懊悔，本人已經死去了，屍體會急速腐爛，放任不管的話會出現屍臭味，而且會長蛆。因此，我們對於死者的依戀心和恐懼心交錯，充滿這種矛盾的心情。

而解決的方法就是我們透過葬禮這種通過儀禮，讓死者與個人或社會告別，死者將其送入死者的世界，進行遺體的事後處理，而遺族及其關係者則回到以往的日常生活。這是超越任何時代、地區、意識型態，所有的民族都會進行的行爲。到目前爲止，我們的祖先也與許多的死者告別，埋葬遺體。而到今日世界各地仍然持續這種傳統，以各型態，進行對於死者的追悼儀式或習慣。

葬禮的規模及內容，或是遺體的事後處理方法，將配合住在特定地區的人、個人、社會以及當地的氣候、風土、國情、人種、信仰、社會、經濟狀況，在大家都同意的情況下來進行，因此各有不同。而如果比較世界各國或地區的葬禮及事後處理的方式，就可以發現到其中含有各國的國情、民族性、宗教及社會的傳統，或者是個人的世界觀與人生觀。

的葬禮』一書。在此不一一加以深入的探討，而我最感興趣的是最近看到新潮社所出版的『世界

事實上，人類不是死了之後一切就完畢了，必須由活者的人跟死者告別，將遺體埋葬，具有這些儀禮和習慣。

關於死者問題，在世界各地所進行的葬送習慣大致加以分類的話，即使住在該地區的人並不屬於特定的宗教或團體，也會以某種形態直接或間接受到宗教、社會文化的影響。

爲了方便起見，就以宗教文化圈來命名吧！在世界上有：⑴耶穌教文化圈、⑵天主教文化圈、⑶東方教會文化圈、⑷回教文化圈、⑸印度教、佛教文化圈、⑹儒教文化圈、⑺土著宗教文化圈，這七大宗教文化圈。當然不是嚴格的劃分這些文化圈，也可能因爲國家或地區的不同而互相重複，或者是色彩太淡。此外，也因居住在該地個人的想法而產生微妙的差距，我只是大膽的將其概括分類而已。如果要概括敘述世界各地葬送習慣的特徵，還是必須要區分爲這七大宗教文化圈。

而各文化圈的特徵列舉如下，⑴基督教文化圈是個人主導型、⑵天主教文化圈是家族主導型、⑶東方教會文化圈是民族主導型、⑷回教文化圈是救濟者主導型、⑸印

度教、佛教文化圈是自然主導型、(6)儒教文化圈是祖先主導型、(7)土著宗教文化圈是生活共同體型。

首先談到(1)基督教文化圈，包括英國聯邦諸國在內、德國、荷蘭、北歐諸國、北美諸國也在其中，這些地區的人一般而言生活水準較高，富於合理的精神、尊重個人的意志，而對於國家或團體的歸屬意識淡薄，所以葬送習慣則依近親者和關係者的不同，而採取比較簡單的儀式。

(2)天主教文化圈，包括義大利、法國、西班牙、葡萄牙及中南美諸國和亞洲的菲律賓在內，天主教會對於家庭和社會生活具有影響力，所以葬禮會在家庭或地區盛大舉行。

(3)東方教會文化圈，則包括希臘、俄羅斯及東歐諸國、希臘以外的地區，葬禮則是採用脫離宗教色彩的追悼形式，而人類價值也會因對國家的貢獻度來考量。但是，蘇聯瓦解之後，在各地區盛行民族的自主獨立運動，雖然經濟貧困，然而農民的儉樸習慣復活了。

(4)回教文化圈，包括中東、波斯灣沿岸諸國、孟加拉、馬來西亞、印尼等東南亞諸國，而一部分例外則是猶太教徒所在的以色列。這個地區絕對唯一的神為主，展開所有的生活，祈求神原諒的人之死亡，絕對不是人生的終點，他們相信在神的審判日能夠再度復甦。因此，被神召見的死者屍體絕對不可以火葬，要埋葬，除了聖人以外，其他的葬禮和墓都非常的簡樸。

⑸印度教、佛教文化圈，則是包括印度、尼泊爾所代表印度文化圈，以及南方佛教文化圈的斯里蘭卡、緬甸及中南半島諸國。這些地區混合異質的要素，通常衆人相信人死去，會按照在世間的行爲，而輪迴轉世到下一個世界去。火葬之後，對故人的亡靈要上香、擺供品、出現合掌禮拜的共通習慣。

⑹儒教文化圈，則包括台灣、香港，和其他華僑居住地區，以及韓國在內。由於傳統上尊重祖先，因此會盛大舉行喪禮。中國大陸和北韓則受到社會主義之國家至上主義的影響，非常的簡樸，但是衆人之間仍然留下尊重祖先的傳統色彩。

⑺土著宗教文化圈，包括至今仍未得到科學文明恩惠的開發中之非洲內陸部和南太平洋諸地區。一般人相信死靈的神祕力量，人死的時候，在部族內會使用規定的儀禮和習慣及咒術。認爲死靈可能會對衆人帶來幸福，同時也可能帶來災害。到底是福是禍？他們認爲是由具有特殊能力的咒術師來安排的。這裡的葬禮因部族單位多種化而多樣化，要列記其特徵是不可能的。

以上將世界各國分類爲七大文化圈，敘述各自的特徵。當然各文化圈中也有例外。那麼到底日本在這些文化圈中是屬於哪一個文化圈呢？

日本並沒有在這些宗教文化圈中的理由，是因爲不像其他的國家或地區具有較單一的文化，而是具有複合、重層的宗教文化，因此，倘若勉強加以分類的話，應該是屬於⑸印度教、佛教文化圈特徵的自然主導型，與⑹儒教文化圈特徵的祖先主導型的合體文化圈。

明治維新以後，這些亞洲文化圈的影響以及西方諸國的合理主義科學文明都傳入日本，因此能夠迅速近代化，形成他國所沒有的日本獨特文化。因而憑弔死者的葬禮以及墳墓等，則是由來自其他宗教文化圈的產物，同時適當地混合了日本原有的產物，而形成了和洋折衷型。

例如：日本是佛教國，葬禮幾乎都是使用佛式的。日本的佛教稱爲「葬禮佛教」。嚴格說來，日本的葬禮是以昔日的土著宗教文化爲基礎，而在奈良時代以後，則接受從中國大陸及朝鮮半島傳來的佛教與儒教的東方文化。在明治維新以後，又攝取了西方文化，融合而成現在的葬禮。其證明就是死靈的作祟或回歸鄉里、遺骨的庶物崇拜，召喚死靈的招魂行爲等是土著宗教文化；而輪迴、無常感、火葬、佛塔崇拜等是佛教文化；精進潔齋是神道文化；祭壇、牌位、年忌等是儒教文化；黑色喪服和獻花是受到西方文化的影響。經過長久歲月不斷的融合，而成爲日本今日的葬送習慣。

事實上，除了日本以外，其他的國家也有他界觀念，而在日本逐漸名目化、形骸化。只是在表面上認爲人「死後會開花結果」或者是「活著時會成爲花」，並不相信另一個世界的存在，認爲不但沒有那個世界，而且人死之後什麼都沒有了。因此，希望活在這個世界的時候，能夠獲得財產、權力和快樂，也是無可厚非之事。

在西方尼采宣稱：「神是死的。」之後，無神論者增加，個人主義支配了心靈，取代了以往的有神論，出現一些不負責任的言語行爲。但是，對於我國這種不相信神佛或另一個世界存在的人而言，個人埋沒於團體中，即使內心不相信，在人前卻要假裝相信的樣子，認爲是只要盡到社會的義理就安心了。由於受到這些行爲的影響，在團體主義的範圍內進行葬禮，重視死去的人與自己的個人關係，與其說是嚐到離別的悲傷，還不如說是對於死者或是遺族生前不好而進行的補償行爲。

最近，開始探討死後遺族應該如何回到日常生活中的問題。喪失對象後遺族的心理過程是⑴無感覺、無感動、⑵否認、憤怒、⑶接受、斷念、⑷發現新對象，會以以上的階段逐漸恢復。

伴隨死別產生的悲哀程度，如果故人是最愛的人，或者是突然發生的死亡、無法預料的死亡，則這種程度越強烈，而個人衝擊的內容在社會的葬禮中是不會表面化，也不會消失的。但是對當事者而言，不斷來襲的不安、失眠和失調等精神、肉體的痛苦等，還有家庭再編成的社會課題等都是必須處理的問題。

昔日，日本的佛教學家金子大榮先生就說：「探討人生這個問題時，雖然能用知識加以解決，但是遇到人生這個問題時，卻無法用知識加以解決。」沈入悲傷的深淵時，當事者必須儘早脫離挫折感，重新拾回活下去的力量，當然需要周圍衆人的理解和支持。

尤其國人認為在人前表現出喜怒哀樂的感情是非常難看的行為，因此會不斷的忍耐悲傷與痛苦，認為這才是謙讓的美德。可是，不斷壓抑悲傷與憤怒，反而會造成精神、肉體受損，容易罹患疾病。

關於這一點，外國人則會積極的表現出來。我前些日子有機會到保加利亞的首都索菲亞去訪問，曾經坐在郊外公共墓地的長椅上，看著前來掃墓的人。當時正好中年男性和兩名女性通過，好像是兄妹一樣，他們似乎剛掃完墓，男子大聲哭泣，兩個妹妹則從旁挾著他離去。後來我在中東和非洲及南亞的葬儀場和墓地，經常看到遺族們哀悼故人之死，在人前放聲大哭的姿態，讓我深受打擊。

仔細想想，這應該是理所當然的事情，最愛的人離去了，不給自己悲傷、哭泣的機會。喪禮順利的進行，幾天以後好像根本沒發生過這些事，重新回到忙碌生活的日本人生活型態，即使花了大筆的金錢，舉行豪華的葬禮，是否眞的能夠悼念故人的靈魂，令我感到懷疑。

法國畫家夏加爾曾感嘆到：「今日已經是即使感動也不會流淚的時代了。」對於文明化進步的現代人而言，不重視自己的心靈而只考慮到時間和金錢，爲了塡補心靈的空缺，代償行爲則是舉行形式上豪華的葬禮，令人不敢苟同。

最愛的人死去時，悼念其死亡放聲大哭是人類所具有的基本心態，而不斷的壓抑、否定這種心情，證明自己是文明人，這是錯誤的作法。

昔日，在我國人死去時要枕經、守靈、密葬、本葬儀、告別式，初七日到三十五日、四十九日、百日、一周忌、三回忌，慢慢花時間進行通過儀禮，通常認爲擁有三十三回忌的完整儀式，才能使個靈與祖靈統合。

但是，最後大家忙於工作，隨著都市化、小家庭化、高齡化的進行，共同體意識淡薄。昔日這種必須要訂定順序、花時間進行的葬禮也變得簡單化，故人死後急急忙忙的舉行葬禮，如果是高齡者死去的話，遺族不但不悲傷其死亡，內心竊喜的例子也很多。

我的朋友猶太人和印度人，在父親死去前後請假不工作、照顧父親，在其死後，取得一個月與三個月的休假服喪。在這期間內不刮鬍子。看到這種姿態，眞的令人心痛。而在我國父母罹患瀕臨死亡的重病時，可能只到醫院去看顧一、二次，很多人是在有最新醫療設備的病房中，鼻子裡插著一根管子，一個人孤獨的死去。

葬禮幾乎都是由葬儀社主導，二、三天後又像個沒事人似的恢復原先的生活，這眞的是人類的作法嗎？這種處理死亡的作法，令人不得不深思、反省。

最近，醫學界盛行臟器移植或腦死、安樂死、尊嚴死問題的討論。此外，婚喪喜慶的簡化運動，以及葬儀、墓地無用論等。不管是哪一種，都認爲是能夠節省費用和勞力，只討論生活上功利面的問題，似乎根本不考慮到重視個人價值、探討其一生意義的宗教、精神面的問題。

的確，想要長生，但是另外一方面，長生會造成過度的經濟負擔，對於照顧老者的相關者而言會難以忍受。所有的世間體都形成虛禮化，都是以自己爲主來發言。

尤其是我國，對於不遵從社會習慣，做與他人不同事情之人，會被貼上「怪人」的標籤。因此，害怕受到他人排擠，即使內心嫌惡的人也必須要遵從慣例。但是，如果不屈服於這種壓力，拿出勇氣來展現語言行動的人，則被視為是個人主義者，或利己主義者。

問題在於迎合周圍的社會習慣，不加以反抗，一旦形成習慣之後，是否還能夠以自己了解的方法來實踐追悼之心呢？

例如我的朋友——一位鋼琴家失去了最愛的母親。在舉行葬禮之後，連續三天三夜彈平常母親喜愛的曲子，認為這樣子自己的情緒才能夠平靜下來。而另外一個朋友則面對放在亡父佛壇祭祀的牌位每天念佛，好像聽到父親生前鼓勵他的話「今天你要好好幹喔？」而在內心裡回答：「好。」然後才去上班。

他人看到這種行為，也許會覺得很愚蠢而一笑置之，但是，做這些行為的人不是為了讓他人看，而是自己的心能夠同意這種作法才去做的。如何發現適合自己的方法必須由自己去找尋，倘若辦不到的話，並非自己經濟上、時間上沒有餘力，也非社會不好，而是自己的心靈貧乏。

對於失去了在這個世上無可取代的人之當事者而言，面對有形、無形的對象說話或做一些事，這些行爲能夠治療本人的悲傷，也可說是使他能夠重新回到平常生活的珍貴方法。

像我國這種並沒有西方個人主義的國家，基於個人信念，葬禮的簡樸化和墳墓無用論的說法，是個人的自由，可是如果勉強將這種觀念灌輸到他人心中，就是錯誤的作法了。對於遵守形式，想要藉此減輕自己以往罪過的人而言，當然不需要葬禮、不需要墳墓、不需要金錢，什麼也不需要，對自己而言更好了。

俗諺有云：「心求形，形勸心。」對於很難產生抽象想法的人而言，即使是形式的，透過葬禮或者是墳墓的形式，也能找到朝向心靈內面化的端倪。

今後我們的葬禮和墳墓到底有何發展呢？預測將來是很困難的，但是如果在今日的世界討論分析這個問題的話，也許對於不久的將來，人類的發展也能夠預測到某種程度吧！

換言之，今日的世界除了一部分的例子以外，不能再像以往一樣，利用武力、權威、權力或金錢的力量，強制衆人的生活規範。今後的葬送習慣將由個人自主、任意的選擇，可能形成虛禮化的社會之形式，或者是簡樸化的個人精神之形式，形成兩極化。不論古今，國家等各種團體的功勞者和有些人死去的話，都會進行豪華的葬禮，樹立氣派的墳墓或紀念碑，對外部誇示其權威，對內部鞏固其構成員的團結。

例如：昔日埃及國王的墳墓——金字塔，和印度的姆加達帝國王妃之墓，和現代美國華盛頓的林肯紀念堂，及中國北京天安門廣場的毛澤東紀念堂等，都是標榜其偉業的大規模建築，這種例子在世界各國不勝枚舉。

像日本仁德天皇的御陵和明治神宮及東照宮等，以及最近各種團體的代表和一般人的葬禮及墳墓，隨著商業主義的波濤，極盡豪華之能事。但是政治、社會的行爲越盛大，越表示無視於在那被祭祀的本人，以及其遺族個人的心情，只不過是個注重形式的虛禮罷了。

既然我們不能只靠自己一個人活在這個世上，當親人死亡時，必須要犧牲個人的心情，委身於社會的規範，但是當平衡瓦解時，就不知該如何是好了。

在這一點上，尊重個人心情的以下衆人作法，則是對比。

例如：一九七四年四月二日，前法國總統唐彼特死去時，先舉行國葬，當時在諾特爾達姆寺院舉行密葬時，參加者只有近親朋友十八人。尊重故人的遺志，同時也考慮到悲傷的未亡人心情才這麼做。而且大衆傳播媒體也不能夠訪問近親者。在葬禮之後訪問未亡人的，只有總統以及巴黎大主教區的馬提神父而已。

在英國有這樣的傳說。

某個西班牙人，在他的英國朋友死去時，前往安慰他的夫人。到他的家中弔唁時，發現沒有人來拜訪這個英國人，於是這個西班牙人說：「在西班牙和以色列就不同了，大家都會因爲死亡而很悲傷。你們這些遺族就很堅強了。悲傷之時哭泣，高興之時就笑，而且大家也認同這一點，這才是人類的社會。」

通常我們都說：「悲傷時，如果有人在旁陪你悲傷的話，悲傷就會減半；高興之時，有人分享喜悅的話，喜悅就會加倍。」但是，像先前所說的法國人和英國人的例子就可以知道，尊重自立的個人主義生活方式並非如此。

事實上，當我們悲傷時喜歡獨自偷偷躲起來哭泣，還是有人在身旁陪著比較好呢？我想大部分的國人悲傷之時，都願意自己一個人忍受悲傷吧！

進行葬送習慣的意義，是在人死去時，其遺族和關係者進行某種社會儀式，表示個人的追悼之情，處理與故人關係的變化。但是，如果不重視這個社會行爲表示沒有個人的心情，如果過度重視個人的心情，則會出現輕視社會行爲的矛盾現象。當這個平衡瓦解時，前者會變成虛禮化，後者會變成自私的表現。

最近，討厭這種傾向的人提出葬禮無用論。但是，我們不重視虛禮，不舉行葬禮、不作墳墓，將遺骨或遺灰撒葬在某處，不留痕跡，只要在個人心中悼念人死去的悲哀就夠了嗎？到那時，恐怕我們就會認爲人死去之後，什麼都不做也無妨。

九、對自殺者遺族及關係者的法話

怎麼會發生這種事情呢？突然聽到這消息很驚訝，不相信這個事實，大家都陷入呆然自失的狀態中。我自己也感到很驚訝，懷疑自己是否聽錯了，而且我也觀察到大家都非常的驚訝。

在此時要對大家說什麼才好呢？我不知道該說什麼適當的安慰話，只能夠祈求故人的冥福，希望大家都能夠盡早恢復原先的生活。

故人已經不在這世上了，這時我該怎麼做呢？昔日，最高法院的檢察官伊藤榮樹曾寫過一本書『人死後成爲垃圾』。故人成爲垃圾之後就會被放置在山野，以此爲契機，什麼也不想，什麼也不做，那不是更好嗎？

如果我們是人，與故人有一些關係的話，我們就不會一笑置之，認爲這個世上又增加一個垃圾了。這時會哀悼故人之死，會加以憑弔，希望送故人到達淨土，希望他能夠往返於我們居住的穢國，解救苦惱的人，只能祈求他來解救我們，除以之外別無他法。此外，我們也以故人之死爲契機，重新認識人生的意義與價值，覺悟到只有一個的自己，只有一次的人生，應該要努力的活著。

如果我們面臨與故人同樣的遭遇，感覺苦惱的話，是否也會採取同樣的行爲呢？當人類跌入痛苦的深淵中，沒有可以逃避的去處，不知該如何是好之時，就會成爲一個懦弱的存在。

一部分的小說家和詩人陶醉於非現實的死亡之浪漫中，在年紀輕輕之時，就捨棄了生而選擇了死亡。例如：北村透谷、有島武郎、芥川龍之介、太宰治、火野韋平、三島由紀夫、川端康成、三毛等都是。

今日的生活沒這麼輕鬆，不管是誰都有苦惱，而且必須每天陷入惡戰苦鬥中。看起來許多人似乎沒有苦惱，很高興似的，但是事實上只是沒有對別人說出苦惱而已。說的話會變成一種發牢騷的行爲。如果基於自己的信念，在這個世間無法找出延命的意義與價値，經由自己的意志和決斷結束一命，則他人也無話可說。

可是，自己不想死，卻在生活上面對死神的挑戰，被追到無路可逃的地步，不得不死，我衷心的表示同情這種情形。

對於屬於後者的人而言，有兩條選擇道路。一種就是與故人一樣選擇死亡的道路，另外一種就是相信佛的解救，選擇存活之道。如果故人生前皈依佛的教誨，了解其意義的話，也許就不會這麼早結束自己的生命了。但是，對故人而言，一切都已經結束，現在後悔莫及。

總之，故人是否能夠往生，這是「只有佛與行者的心才能了解的事」。但是活著的人現在開始爲時未晚，我相信故人會因爲我們的念佛，祈求其冥福而得到往生，請大家安心，而且故人和我們死去之後也不是垃圾，都會歸於那個世界。

事實上，我不知道死後的世界如何，因爲我尚未去過。現在活著的自己，並非今天會死，沒有明天的人，雖然還活著，可是不知道明天是什麼樣子。由於對於明日有期待之心，今日才能擁有活著的希望。

中陰的法要

前些日子參加葬禮之時，因爲沒想到會發生這種出乎意料之外的事情，因此，對故人和衆人都做出了失禮之事，內心感到非常的抱歉，希望大家能夠原諒我。當時我認為如果故人能夠在生前皈依佛的教誨，就不需要這麼早死去了。我說了這番話，還說只要大家念佛祈禱的話，佛絕對不會捨棄故人，能夠藉著活著的人之憑弔而使其成佛。

即使故人生前沒有信心，但是藉著圍繞在其身邊的衆人的信心而能成佛。

我想當時衆人之心中對於故人的追慕之念更為加深，可能也難以忘懷當天的情景。能夠思索著故人遺留些什麼給我們，這也不算是一種浪費吧！

萬一我們死了之後，總希望自己的好處能留給後人。但是如果衆人違反你的意思，沒有人自我反省，沒有人願意繼承遺志的話，則死了也是白死。

活在這世上的人，不論是誰都希望在死後能夠留一些東西在世上，因此，生者應該更注意這一點才行。

有的人說：「光是長生沒有什麼用。」即使生命短暫也需要活得有意義。

的確，即使自己長生，可是卻是殘障者，或者是重病患者，也許長久的生命對你而言並沒有意義。但是有的人說：「長生才是最後的勝利。」然而縱使你有野心，在競爭社會中能夠戰勝他人，可是卻輸給了過勞死或是人生，那麼人生又有何意義呢？

當我們到達人生的終點時，回顧自己的一生，是否能夠擁有發自內心的微笑，走完自己都贊同的一生呢？

對於故人有何要求呢？可能希望故人死後能夠留下他的財產、頭銜和地位，讓自己繼承吧！抑或希望能夠擁有他的精神呢？倘若沒有努力不懈的精神，則無法得到眞正的幸福。

不管做什麼，一定要讓佛微笑。故人也是佛的一部分，只有過著能夠讓故人也包括在內的整個宇宙生命活過來之生活方式，才能使佛喜悅。我們的生命是佛所賜與的，不能夠自己任性的將其當成所有物來處理。

道元禪師在『正法眼藏』中曾說：

忘記我們的身心
投入佛的教誨中
依賴佛
才能夠活下去
放開力量
放鬆心情

而法然上人也強調不要徘徊在生死巷，一切都交給佛，我們只要念佛，過著使佛高興的如法生活方式即可。因此，大家想到已經進入佛世界之故人的願望時，這個願望成爲自己在人生中必要完成的使命，藉此完成了故人的願望，故人就能夠微笑成佛。中陰的法事使我們再認識這一點，祈求故人的冥福，我們發誓要完成他的願望，大家一起來念佛吧！

迎向一周忌的法要

「光陰似箭，歲月如梭。」故人死去已經過了一年了，在這期間大家是如何渡過的呢？對於相關者而言，也許直至今日仍然不相信故人已經去世，認爲他今天還可能會從某處回來。

故人到底到哪兒去了呢？

可能很多的人不知道故人最後到哪兒去了，只知道他到另外一個世界去了。對生者的我們而言，死後到底到哪兒去了，我們不得而知。

那麼故人到底到哪兒去了呢？我們通常會說死去的人會「成佛」或者是「往

生」。但是，事實上這並非指死去的人與我們關係斷絕的狀態。「成佛」和「是佛」是不同的，如果死者原本就是佛，到另外一個世界去，那麼就不必對佛抱持執著之心了。

故人成爲佛的弟子，存在於另一個世界。故人和我們同樣是活著的存在，倘若我們斷絕了與故人的關係，則故人在另一個世界會陷入迷惘之中。那麼該怎麼做才不會斷絕與故人的關係，讓故人成佛呢？此刻開始還不遲，要追善，要和故人一起走向佛道。

迎向故人去世的一周年，許多的感想湧向心頭，感覺到人生的無常，感覺到在這個世間無法隨心所欲。

能夠有這種想法，就能夠知道眞實的世界，只有自己淸醒的人才能夠成佛。走在佛的道路上之生活方式才是「往生」。

「星星王子」這本書的作者法國思想家桑．提格休培里曾說：「眞正的愛並非互相凝視對方，而是互相朝同一方向往上看。」

這同一方向就是指佛所在的淨土。換言之，即對在另外一個世界的故人進行追善供養，而在這個世界的我們過著念佛的人生，和故人一起步向佛之路。

問題在於活著的衆人之想法及生活方式，如果大家都悼念故人之死，追憶他在世的姿態，無法迎向自己的人生，即使去參加追悼儀式，經過一段時間之後，記憶也會淡薄。

世間有人說：「每次想到死去的故人，夜間無法成眠。」或者是「覺得故人好像成爲亡靈出現了」，但是說這些話的人，自己卻不知道自己眞正的人生爲何？不知道該何去何從？而故人也無法告訴他該走的路。

即使在這個世間遇到任何悲慘的事情，佛都會守候著你，佛會和你在一起。這種信念能夠使你在面對死亡之時，淸楚的知道自己將會回到佛的世界，如此就能安心的過每一天。

但是，在世上有很多人不了解另一個世界眞實的姿態，也不相信另外一個世界的存在。因此，不知該如何是好。這些人在面對死亡之時，會慌了手腳，痛苦的結束其一生。佛可憐我們的這種心態，因此把這些法要當成緣。希望我們不論在那個世界或這個世界，對於佛的守護都能夠保持著感謝報恩之心，而過著自己的人生。

中國的善導大師建議我們，如果隨時隨地都能夠在念佛的人生中，抱持佛常駐的想法，就不會有孤獨感，能夠安心的過著每天的生活，即使在面臨死亡之時，也能回到佛的世界，因此，絕對不需要恐懼。

作者略歷：松濤　弘道

一九三三年　出生於日本枥木縣
一九五五年　畢業於大正大學文學部
一九六一年　畢業於美國哈佛大學研究院
同年　　　　藝術碩士

曾任夏威夷淨土宗別院開教使，回國以後擔任近龍寺住持及上野學園大學國際文化學部教授。上野學園圖書館長。主要著書包括『世界的葬禮』、『佛學名言智慧』、『釋迦名言智慧』、『戰勝人生』、『了解佛敎之書・正續二卷』、『了解經文之書』、『微笑的人生』、『英文・佛敎入門』、『淨化心靈享人生』等。

大展出版社有限公司 圖書目錄

地址：台北市北投區(石牌)
致遠一路二段12巷1號
電話：(02)28236031
28236033
郵撥：0166955～1
傳真：(02)28272069

・法律專欄連載・電腦編號 58

台大法學院 法律學系／策劃
法律服務社／編著

1. 別讓您的權利睡著了 [1]		200 元
2. 別讓您的權利睡著了 [2]		200 元

・秘傳占卜系列・電腦編號 14

1. 手相術	淺野八郎著	180 元
2. 人相術	淺野八郎著	150 元
3. 西洋占星術	淺野八郎著	180 元
4. 中國神奇占卜	淺野八郎著	150 元
5. 夢判斷	淺野八郎著	150 元
6. 前世、來世占卜	淺野八郎著	150 元
7. 法國式血型學	淺野八郎著	150 元
8. 靈感、符咒學	淺野八郎著	150 元
9. 紙牌占卜學	淺野八郎著	150 元
10. ESP 超能力占卜	淺野八郎著	150 元
11. 猶太數的秘術	淺野八郎著	150 元
12. 新心理測驗	淺野八郎著	160 元
13. 塔羅牌預言秘法	淺野八郎著	200 元

・趣味心理講座・電腦編號 15

1. 性格測驗① 探索男與女	淺野八郎著	140 元
2. 性格測驗② 透視人心奧秘	淺野八郎著	140 元
3. 性格測驗③ 發現陌生的自己	淺野八郎著	140 元
4. 性格測驗④ 發現你的真面目	淺野八郎著	140 元
5. 性格測驗⑤ 讓你們吃驚	淺野八郎著	140 元
6. 性格測驗⑥ 洞穿心理盲點	淺野八郎著	140 元
7. 性格測驗⑦ 探索對方心理	淺野八郎著	140 元
8. 性格測驗⑧ 由吃認識自己	淺野八郎著	160 元
9. 性格測驗⑨ 戀愛知多少	淺野八郎著	160 元
10. 性格測驗⑩ 由裝扮瞭解人心	淺野八郎著	160 元

11. 性格測驗⑪ 敲開內心玄機　淺野八郎著　140 元
12. 性格測驗⑫ 透視你的未來　淺野八郎著　160 元
13. 血型與你的一生　淺野八郎著　160 元
14. 趣味推理遊戲　淺野八郎著　160 元
15. 行為語言解析　淺野八郎著　160 元

・婦 幼 天 地・電腦編號 16

1. 八萬人減肥成果　黃靜香譯　180 元
2. 三分鐘減肥體操　楊鴻儒譯　150 元
3. 窈窕淑女美髮秘訣　柯素娥譯　130 元
4. 使妳更迷人　成　玉譯　130 元
5. 女性的更年期　官舒妍編譯　160 元
6. 胎內育兒法　李玉瓊編譯　150 元
7. 早產兒袋鼠式護理　唐岱蘭譯　200 元
8. 初次懷孕與生產　婦幼天地編譯組　180 元
9. 初次育兒 12 個月　婦幼天地編譯組　180 元
10. 斷乳食與幼兒食　婦幼天地編譯組　180 元
11. 培養幼兒能力與性向　婦幼天地編譯組　180 元
12. 培養幼兒創造力的玩具與遊戲　婦幼天地編譯組　180 元
13. 幼兒的症狀與疾病　婦幼天地編譯組　180 元
14. 腿部苗條健美法　婦幼天地編譯組　180 元
15. 女性腰痛別忽視　婦幼天地編譯組　150 元
16. 舒展身心體操術　李玉瓊編譯　130 元
17. 三分鐘臉部體操　趙薇妮著　160 元
18. 生動的笑容表情術　趙薇妮著　160 元
19. 心曠神怡減肥法　川津祐介著　130 元
20. 內衣使妳更美麗　陳玄茹譯　130 元
21. 瑜伽美姿美容　黃靜香編著　180 元
22. 高雅女性裝扮學　陳珮玲譯　180 元
23. 蠶糞肌膚美顏法　坂梨秀子著　160 元
24. 認識妳的身體　李玉瓊譯　160 元
25. 產後恢復苗條體態　居理安・芙萊喬著　200 元
26. 正確護髮美容法　山崎伊久江著　180 元
27. 安琪拉美姿養生學　安琪拉蘭斯博瑞著　180 元
28. 女體性醫學剖析　增田豐著　220 元
29. 懷孕與生產剖析　岡部綾子著　180 元
30. 斷奶後的健康育兒　東城百合子著　220 元
31. 引出孩子幹勁的責罵藝術　多湖輝著　170 元
32. 培養孩子獨立的藝術　多湖輝著　170 元
33. 子宮肌瘤與卵巢囊腫　陳秀琳編著　180 元
34. 下半身減肥法　納他夏・史達賓著　180 元
35. 女性自然美容法　吳雅菁編著　180 元
36. 再也不發胖　池園悅太郎著　170 元

37. 生男生女控制術	中垣勝裕著	220元
38. 使妳的肌膚更亮麗	楊　皓編著	170元
39. 臉部輪廓變美	芝崎義夫著	180元
40. 斑點、皺紋自己治療	高須克彌著	180元
41. 面皰自己治療	伊藤雄康著	180元
42. 隨心所欲瘦身冥想法	原久子著	180元
43. 胎兒革命	鈴木丈織著	180元
44. NS磁氣平衡法塑造窈窕奇蹟	古屋和江著	180元
45. 享瘦從腳開始	山田陽子著	180元
46. 小改變瘦4公斤	宮本裕子著	180元
47. 軟管減肥瘦身	高橋輝男著	180元
48. 海藻精神秘美容法	劉名揚編著	180元
49. 肌膚保養與脫毛	鈴木真理著	180元
50. 10天減肥3公斤	彤雲編輯組	180元
51. 穿出自己的品味	西村玲子著	220元

・青春天地・電腦編號17

1. A血型與星座	柯素娥編譯	160元
2. B血型與星座	柯素娥編譯	160元
3. O血型與星座	柯素娥編譯	160元
4. AB血型與星座	柯素娥編譯	120元
5. 青春期性教室	呂貴嵐編譯	130元
6. 事半功倍讀書法	王毅希編譯	150元
7. 難解數學破題	宋釗宜編譯	130元
9. 小論文寫作秘訣	林顯茂編譯	120元
11. 中學生野外遊戲	熊谷康編著	120元
12. 恐怖極短篇	柯素娥編譯	130元
13. 恐怖夜話	小毛驢編譯	130元
14. 恐怖幽默短篇	小毛驢編譯	120元
15. 黑色幽默短篇	小毛驢編譯	120元
16. 靈異怪談	小毛驢編譯	130元
17. 錯覺遊戲	小毛驢編著	130元
18. 整人遊戲	小毛驢編著	150元
19. 有趣的超常識	柯素娥編譯	130元
20. 哦！原來如此	林慶旺編譯	130元
21. 趣味競賽100種	劉名揚編譯	120元
22. 數學謎題入門	宋釗宜編譯	150元
23. 數學謎題解析	宋釗宜編譯	150元
24. 透視男女心理	林慶旺編譯	120元
25. 少女情懷的自白	李桂蘭編譯	120元
26. 由兄弟姊妹看命運	李玉瓊編譯	130元
27. 趣味的科學魔術	林慶旺編譯	150元
28. 趣味的心理實驗室	李燕玲編譯	150元

29. 愛與性心理測驗	小毛驢編譯	130元
30. 刑案推理解謎	小毛驢編譯	130元
31. 偵探常識推理	小毛驢編譯	130元
32. 偵探常識解謎	小毛驢編譯	130元
33. 偵探推理遊戲	小毛驢編譯	130元
34. 趣味的超魔術	廖玉山編著	150元
35. 趣味的珍奇發明	柯素娥編著	150元
36. 登山用具與技巧	陳瑞菊編著	150元
37. 性的漫談	蘇燕謀編著	180元
38. 無的漫談	蘇燕謀編著	180元
39. 黑色漫談	蘇燕謀編著	180元
40. 白色漫談	蘇燕謀編著	180元

・健康天地・電腦編號 18

1. 壓力的預防與治療	柯素娥編譯	130元
2. 超科學氣的魔力	柯素娥編譯	130元
3. 尿療法治病的神奇	中尾良一著	130元
4. 鐵證如山的尿療法奇蹟	廖玉山譯	120元
5. 一日斷食健康法	葉慈容編譯	150元
6. 胃部強健法	陳炳崑譯	120元
7. 癌症早期檢查法	廖松濤譯	160元
8. 老人痴呆症防止法	柯素娥編譯	130元
9. 松葉汁健康飲料	陳麗芬編譯	130元
10. 揉肚臍健康法	永井秋夫著	150元
11. 過勞死、猝死的預防	卓秀貞編譯	130元
12. 高血壓治療與飲食	藤山順豐著	150元
13. 老人看護指南	柯素娥編譯	150元
14. 美容外科淺談	楊啟宏著	150元
15. 美容外科新境界	楊啟宏著	150元
16. 鹽是天然的醫生	西英司郎著	140元
17. 年輕十歲不是夢	梁瑞麟譯	200元
18. 茶料理治百病	桑野和民著	180元
19. 綠茶治病寶典	桑野和民著	150元
20. 杜仲茶養顏減肥法	西田博著	150元
21. 蜂膠驚人療效	瀨長良三郎著	180元
22. 蜂膠治百病	瀨長良三郎著	180元
23. 醫藥與生活㈠	鄭炳全著	180元
24. 鈣長生寶典	落合敏著	180元
25. 大蒜長生寶典	木下繁太郎著	160元
26. 居家自我健康檢查	石川恭三著	160元
27. 永恆的健康人生	李秀鈴譯	200元
28. 大豆卵磷脂長生寶典	劉雪卿譯	150元
29. 芳香療法	梁艾琳譯	160元

30. 醋長生寶典	柯素娥譯	180 元
31. 從星座透視健康	席拉・吉蒂斯著	180 元
32. 愉悅自在保健學	野本二士夫著	160 元
33. 裸睡健康法	丸山淳士等著	160 元
34. 糖尿病預防與治療	藤田順豐著	180 元
35. 維他命長生寶典	菅原明子著	180 元
36. 維他命 C 新效果	鐘文訓編	150 元
37. 手、腳病理按摩	堤芳朗著	160 元
38. AIDS 瞭解與預防	彼得塔歇爾著	180 元
39. 甲殼質殼聚糖健康法	沈永嘉譯	160 元
40. 神經痛預防與治療	木下真男著	160 元
41. 室內身體鍛鍊法	陳炳崑編著	160 元
42. 吃出健康藥膳	劉大器編著	180 元
43. 自我指壓術	蘇燕謀編著	160 元
44. 紅蘿蔔汁斷食療法	李玉瓊編著	150 元
45. 洗心術健康秘法	竺翠萍編譯	170 元
46. 枇杷葉健康療法	柯素娥編譯	180 元
47. 抗衰血癒	楊啟宏著	180 元
48. 與癌搏鬥記	逸見政孝著	180 元
49. 冬蟲夏草長生寶典	高橋義博著	170 元
50. 痔瘡・大腸疾病先端療法	宮島伸宜著	180 元
51. 膠布治癒頑固慢性病	加瀨建造著	180 元
52. 芝麻神奇健康法	小林貞作著	170 元
53. 香煙能防止癡呆？	高田明和著	180 元
54. 穀菜食治癌療法	佐藤成志著	180 元
55. 貼藥健康法	松原英多著	180 元
56. 克服癌症調和道呼吸法	帶津良一著	180 元
57. B 型肝炎預防與治療	野村喜重郎著	180 元
58. 青春永駐養生導引術	早島正雄著	180 元
59. 改變呼吸法創造健康	原久子著	180 元
60. 荷爾蒙平衡養生秘訣	出村博著	180 元
61. 水美肌健康法	井戶勝富著	170 元
62. 認識食物掌握健康	廖梅珠編著	170 元
63. 痛風劇痛消除法	鈴木吉彥著	180 元
64. 酸莖菌驚人療效	上田明彥著	180 元
65. 大豆卵磷脂治現代病	神津健一著	200 元
66. 時辰療法—危險時刻凌晨 4 時	呂建強等著	180 元
67. 自然治癒力提升法	帶津良一著	180 元
68. 巧妙的氣保健法	藤平墨子著	180 元
69. 治癒 C 型肝炎	熊田博光著	180 元
70. 肝臟病預防與治療	劉名揚編著	180 元
71. 腰痛平衡療法	荒井政信著	180 元
72. 根治多汗症、狐臭	稻葉益巳著	220 元
73. 40 歲以後的骨質疏鬆症	沈永嘉譯	180 元

國家圖書館出版品預行編目資料

佛學的安心立命/松濤　弘道著；陳傳惠譯
——初版，——臺北市，大展，民87
面；21公分，——（精選系列集；18）
譯自：佛教的生き方の構造
ISBN 957-557-834-1（平裝）
1.佛教
220　　87007747

佛學的安心立命

ISBN 957-557-834-1

原 著 者/ 松濤弘道
編 譯 者/ 陳 傳 惠
發 行 人/ 蔡 森 明
出 版 者/ 大展出版社有限公司
社　　址/ 台北市北投區（石牌）致遠一路2段12巷1號
電　　話/（02）28236031・28236033
傳　　真/（02）28272069
郵政劃撥/ 0166955-1
登 記 證/ 局版臺業字第2171號
承 印 者/ 高星企業有限公司
裝　　訂/ 日新裝訂所
排 版 者/ 弘益電腦排版有限公司
電　　話/（02）27403609・27112792
初版1刷/ 1998年（民87年） 7月

定　價/ 220元